사생대체 시리즈 4

지혜도 쑥쑥!, 실력도 쑥쑥!

지혜를 키워주는 한국의

신화 군 이야기 상

글 이길재 **그림** 이남구

독해와
문제풀이를 통한
논술력과
사고력 증진

이제교육

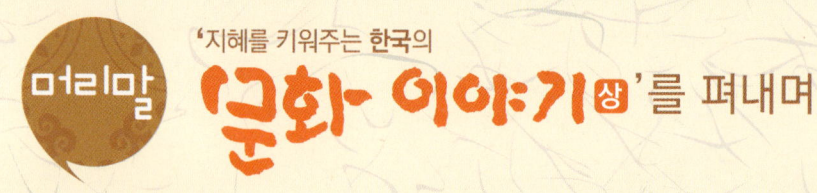

부모님께

　우리 사회가 고도의 산업사회로 들어서고 빠르게 핵가족화가 진행되면서, 전통문화와의 단절로 우리 고유의 전통적 가치가 훼손되는 현실이 안타깝기 짝이 없습니다.

　어린이들이 타인의 권리도 존중하며 더불어 살아가는 폭넓은 사상을 가질 수 있도록 하고, 전통윤리와 도덕, 그리고 준법의식을 고취시켜 건강한 현대 민주사회의 구성원으로 성장하게하여 개인의 꿈을 이룰 수있게 함은 물론, 국가발전에 이바지 할 수 있는 동량으로 육성해야 하는 일은 모든 어른들의 몫이라 할 것입니다.

　이 책에서는 충, 효, 예, 윤리 등 전통의 정신적 가치를 이해하고, 도덕적으로 재무장하여 타인의 모범이 되며, 올바른 가치를 형성하여 국가의 동량으로 자랄 수 있도록 하기 위해 선조들의 문화와 사상을 담았습니다.

　(상)에서는 우리나라(대한민국)에 대한 제반 정보를 다루어 대한민국 국민으로서의 기본 소양을 갖출 수 있도록하였고, 세시풍속과 선조들의 생각속에 담긴 전통문화와 충, 효, 예, 윤리와 도덕등 선조들의 정신문화를 이해할 수 있도록 하였습니다.

　(하)에서는 한국인의 의, 식, 주를 중심으로 생활속에 녹아 있는, 선조들의 지혜와 정신문화의 이해를 통해, 앞으로 나아갈 방향을 제시하고자 하였습니다.

본 교재의 특징

첫째 : 읽기를 통해 독해력 향상과 학습의 기초를 다질 수 있도록 하였습니다.
둘째 : 전통의 사상과 문화에 관심을 가질 수 있도록 하여 단절된 과거와 현재를 이을 수 있도록 하였습니다.
셋째 : 연관된 그림을 넣어 이해를 돕고자 하였으며, 어려운 어휘는 아랫부분에 정리해 두어 본문을 읽는 도중 바로바로 찾아가며 확인할 수 있도록 하였습니다.

　읽기와 문제 풀이를 통해 선조들의 사상과 전통문화에 관심을 갖게 지도하면, 보다 건강한 사회 건설에 힘을 보탤 수 있는 도덕적인 인간으로 성장 할 수 있을 것입니다. 아울러 글 읽기를 통해 아이들이 생각하는 힘을 기를 수 있음은 물론 학습에도 크게 도움이 될 것입니다.

대상

1. '3개월에 한글떼기'로 한글을 완성한 어린이 (읽기 연습용 교재)
2. 초등학생 (내용이해를 통한 독해와 문제풀이)
3. 이주여성이나 다문화 가정의 어린이 (한국의 전통문화 이해)
4. 재외교민과 한국문화에 관심 있는 외국인 (한국의 전통문화 이해)

효과

　글 읽기를 통해, 독해는 물론 우리민족의 정신적 뿌리인 전통윤리와 도덕을 이해할 수 있어, 청소년기의 일탈을 막아 주는 역할도 할 수 있을 것입니다.
　또 이주여성이나 다문화 가정의 자녀들은 한국의 문화를 이해하는 지름길이 될 것입니다.
　아무쪼록 이 책을 통해 어린이들이 윤리, 도덕적으로 보다 성숙한 어른으로 자라는데 도움이 될 수 있기를 기대합니다.
　이어지는 책 '한국의 전래동화, 한국의 역사, 한국을 빛낸 위인들' 등으로 지도하신다면 학습의 깊이를 더 할 수 있을 것입니다.

2013년 4월 15일
이지교육　편집실에서
저자 씀

여러분!

문화란, 사람이 일상생활하며 겪는 모든 것, 즉 입는 것, 먹는 것, 사는 집과 생각하고 행동하는 모든 것을 말해요.

우리민족은 반만년의 오랜 역사와 찬란한 문화를 갖고 있답니다.
한 민족은 자신들만의 독특한 문화를 형성하게 되는데, 우리는 우리만의 찬란한 민족문화를 갖고 있어요.

민속놀이와 계절에 따라 입는 옷이나, 음식, 사는집에서도 우리 선조들의 지혜를 느낄 수 있습니다.

선조들이 나라에 위기가 닥쳤을 때 자신보다는 나라를 위해 싸우는 정신, 부모님께 효도하고, 형제간에 우애하고, 어려 운 이웃을 보살피며, 주어진 일에 최선을 다하는 정신을 이어 받도록 해야 하겠습니다.

이 책에는 여러분들이 이전에 미처 알지 못했던, 전통문화와 그 속에 담긴 선조들의 생각을 담았습니다.

자!
이제부터 우리 선조들의 지혜를 배울 수 있는 전통문화에 대해 알아볼까요?

2013년 4월 25일
글쓴이

독해와 문제풀이를 통해
논술력과 사고력 증진을 위한 **책 구성** 미리 보기

본문
단락에 대한 내용을 정리했습니다.

문제
본문에 대한 독해력을 평가하는 내용으로 문제를 제시했습니다.

그림
본문에 대한 내용을 표현하여, 시각적 효과를 통해 이해를 돕도록 했습니다.

말풍선
본문에서 부족한 설명을 보충하여 이해를 돕도록 했습니다.

낱말풀이
본문 내용 중 어려운 어휘를 찾아볼 수 있도록 쉽게 풀어놓았습니다.

정답
각 페이지별로 정답을 정리했습니다.

차 례

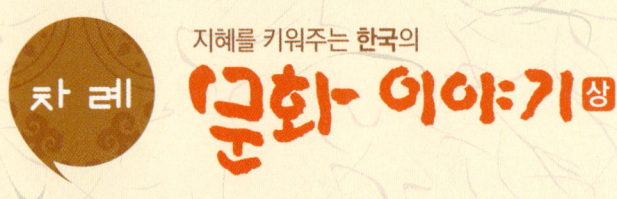
지혜를 키워주는 한국의
문화 이야기 상

머릿말_6

첫 번째 이야기
우리나라 대한민국_14

1. 우리나라의 이름_14

2. 우리나라의 국기_14

3. 우리나라의 국가_16

4. 우리나라의 꽃_16

5. 우리나라의 수도_18

6. 우리나라의 인구. 면적_18

7. 우리나라의 글 - 한글_18

8. 우리나라의 국경일과 국가 기념일, 공휴일_20

두 번째 이야기
우리나라의 명절과 세시풍속_26

1. 우리나라의 명절(3대 명절)_26

2. 세시풍속 및 전통의례_38

3. 우리나라의 전통놀이_52

세 번째 이야기
우리 선조들의 생각_64

1. 우리 선조들의 생각 (한국인의 정신문화)_64

2. 한국의 민요_94

3. 태권도_102

4. 한국의 멋_106

맺는말_118

정답_122

지혜를 키워주는 한국의
문화 이야기 상

첫 번째 이야기
우리나라 대한민국

1. 우리나라의 이름

2. 우리나라의 국기

3. 우리나라의 국가

4. 우리나라의 꽃

5. 우리나라의 수도

6. 우리나라의 인구. 면적

7. 우리나라의 글 - 한글

8. 우리나라의 국경일과 국가 기념일, 공휴일

첫 번째 이야기

우리나라 대한민국

01 우리나라의 이름

여러분이 모두 이름을 갖고 있듯이 우리나라도 이름이 있어요. '대한민국' 줄여서 '한국'이라고도 부릅니다.

외국인들 사이에서 우리나라 사람들은 예로부터 '어른을 공경하고 질서를 잘 지킨다'고 하여 예의가 바른 나라, 즉 '동방예의지국'이라고 했어요.

또, '사람들이 점잖고 차분하다.'고 해서 '고요한 아침의 나라'라고도 부르지요.

02 우리나라 국기

나라를 상징하는 깃발을 '국기'라 하는데, 우리나라를 상징하는 국기의 이름은 '태극기'에요. 1883년 조선의 국기로 채택되었고, 1948년부터 대한민국의 국기로 사용되고 있어요.

태극기

태극기는 밝음과 순수, 평화를 사랑하는 민족성을 나타내기 위해 흰 바탕에 그렸어요.

가운데 있는 동그란 무늬는 '태극'이라고 하며, 이것은 자연의 조화와 진리를 나타내고 있습니다.

태극기의 네 귀퉁이에 그려져 있는 것을 '괘'라고 하는데, 4개의 괘는 위쪽 왼편부터 시계 반대 방향으로 건·리·곤·감으로 각각 부르지요. '건'은 하늘을, '리'는 불을, '곤'은 땅을, '감'은 물을 각각

> 다음 문제를 읽고 물음에 답하세요.

상징해요. 이들은 가운데 태극무늬를 중심으로 통일의 조화를 이루고 있답니다.

　우리나라를 상징하는 태극기! 소중하게 생각해야겠지요?

---

1 우리나라의 이름을 써 보세요.

☐ ☐ ☐ ☐

2 우리나라를 상징하는 국기의 이름을 써보세요.

☐ ☐ ☐

3 '예의가 바른 민족'이라는 뜻으로 우리나라를 일컫는 다른 이름은 무엇일까요? (　　)

① 동방 예의지국　　② 조용한 아침의 나라
③ 고요한 아침의 나라　　④ 예절의 나라

4 '태극기'의 흰색 바탕이 나타내는 것이 **아닌** 것은 무엇인가요? (　　)

① 밝음　　② 사랑　　③ 순수　　④ 평화

5 태극기의 4개의 괘 중 '하늘'을 상징하는 것은 무엇인가요? (　　)

① 건　　② 곤　　③ 감　　④ 리

03 우리나라의 국가

애국가란 '나라를 사랑하는 마음으로 온 국민이 부르는 노래'라는 뜻이 담겨 있으며 우리나라를 *상징하는 노래입니다.

애국가의 작사자(노랫말을 쓴 사람)는 알려지지 않았으며, *작곡자는 안익태 선생님인데 일본에 나라를 빼앗겨 어려움을 겪고 있는 국민들에게 '나라 사랑하는 마음'을 갖게 해 주고자 작곡하였어요.

'애국가'는 1948년, 대한민국 정부 수립과 함께 '*국가'로 지정되었어요.

애국가를 부를 때는 항상 나라 사랑하는 마음을 가지고 불러야 하겠지요?

04 우리나라 꽃

무궁화

'영원히 피고 또 피어서 지지 않는 꽃'이라는 뜻이 있는 무궁화는 우리나라를 상징하는 꽃이랍니다.

1907년 애국가에서 '무궁화 *삼천리 화려강산~'이라고 불리면서 한국의 꽃으로 *지정되었어요.

여러분!

우리나라를 상징하는 세 가지 태극기와 애국가, 무궁화를 꼭 기억해 두어야 해요.

다음 문제를 읽고 물음에 답하세요.

1 우리나라를 상징하는 꽃의 이름은 무엇인가요? (   )

① 국화　　　　　　② 장미
③ 해바라기　　　　④ 무궁화

2 우리나라 꽃 무궁화는 무슨 뜻을 가졌나요? 본문에서 찾아 써 보세요.

☐

3 '나라를 사랑하는 마음으로 온 국민이 부르는 노래' 즉, 우리나라를 상징하는 노래를 무엇이라고 하나요?

☐ ☐ ☐

4 애국가를 작곡한 사람은 누구인가요? (   )

① 알려져 있지 않다.　　② 안익태
③ 나필균　　　　　　　④ 유태성

5 우리나라를 상징하는 세 가지를 써 보세요.

☐ ☐ ☐

낱말공부

*상징 : 대표하여 나타냄.
*작곡자 : 노랫말에 곡을 붙인 사람
*국가 : 나라를 대표하는 노래
*삼천리 : 우리나라 전체를 비유적으로 이르는 말
*지정 : 분명히 가리키어 정함

05 우리나라의 수도

나라를 대표하고 대통령이 살며 나라의 중요한 기관들이 모여 있는 도시를 '수도'라고 해요. 우리나라의 수도는 '서울'입니다.

06 우리나라의 인구·면적

우리나라 남·북한 인구는 약 7천500만 명(남한은 약 5천만 명)이며, 면적은 남북한 22만㎢(남한은 99,720㎢)로 매우 작습니다.

07 우리나라의 글 - 한글

우리나라 사람들은 우리나라 말, 즉 한국어를 씁니다.

한글은 오래전 세종대왕이 글을 몰라 고생하는 백성들을 위해 만드셨어요.

처음에는 '*훈민정음' 즉 '백성을 가르치는 바른 소리'라고 불렀으나 후에 '한글'로 이름이 바뀌게 되었어요.

한글은 오랜 세월에 걸쳐 다듬어진 다른 나라의 글자와 달리, 왕이 백성을 위해 오랫동안 연구하여 만든 아주 인간적인 글이며, 세계 어느 나라 말도 쉽게 따라 쓸 수 있는 과학적인 글입니다.

한글은 *유네스코에서도 인정한 세계에서 가장 배우기 쉬운 글로, '부지런히 배우면 일주일 만에도 깨우칠 수 있을 정도'로 쉬운 글이에요.

다음 문제를 읽고 물음에 답하세요.

1. 우리나라의 수도는 어디일까요?

   ☐☐

2. 우리나라 사람들이 쓰는 말을 무엇이라 하는지 본문에서 찾아 쓰세요.

   ☐☐☐

3. 한글을 만드신 분은 누구인가요?

   ☐☐☐☐

4. 한글에 대해 설명한 것 중 바르지 <u>않은</u> 것은 어느 것인가요? (   )

   ① 원래 이름은 훈민정음이다.
   ② 세종대왕이 만들었다.
   ③ '백성을 가르치는 바른 소리'라는 뜻이다.
   ④ 유네스코에서 부지런히 배우면 한달 만에도 배울 수 있을 정도로 쉬운 글자라고 인정했다.

5. 한글을 처음에는 '백성을 가르치는 바른 소리'라 하여 무엇이라 불렀나요?

   ☐☐☐☐

낱말공부

*훈민정음 : '백성을 가르치는 바른 소리'라는 뜻으로, 1443년에 세종이 창제한 우리나라 글자를 이르는 말. 1997년에 유네스코 세계 기록 유산으로 지정되었다. 국보 제70호
*유네스코 : 국제 연합 교육 과학 문화 기구(국제 연합 전문 기관의 하나 UNESCO)

08 국경일과 국가 기념일, 공휴일

국경일은 나라의 경사로운 날을 축하하기 위하여 법으로 정하고, 온 국민이 기념하는 날을 말하는 거예요.

우리나라 국경일은 삼일절(3월 1일), 제헌절(7월 17일), 광복절(8월 15일), 개천절(10월 3일), 한글날(10월 9일) 이렇게 5일로 해마다 공휴일로 정해서 기념식을 열어 경축하고 있어요. 하지만 2008년부터 국경일 중 공휴일이던 제헌절을 '쉬지 않는 국경일'로 정하여 쉬지 않고 있답니다.

국가 기념일은 특정한 일이나 의미 있는 사건을 기념하기 위해 국가에서 정한 날로,

식목일(4월 5일), 어린이날(5월 5일), 어버이날(5월 8일), 현충일(6월 6일), 6·25사변일(6월 25일) 등 45개가 정해져 있어요. 원래 공휴일은 아니지만, 현충일과 어린이날은 공휴일로 지정되었어요.

또 공휴일은 국가에서 정한 휴일, 즉 우리가 달력에서 볼 수 있는 빨간 날을 말하는 것이지요.

현재 일요일을 제외한 공휴일은
신정(1월 1일), 설날(음력 1월 1일 전후 3일), 삼일절(3월 1일), 석가탄신일(음력 4월 8일), 어린이날(5월 5일), 현충일(6월 6일), 광복절(8월 15일), 추석(음력 8월 15일 전후 3일), 개천절(10월 3일), 한글날(10월 9일), 성탄절(12월 25일)로 모두 15일입니다.

다음 문제를 읽고 물음에 답하세요.

1 나라의 경사로운 날을 축하하기 위하여 법으로 정하고 온 국민이 기념하는 날을 무엇이라고 하나요? (   )

① 국경일 ② 국가 기념일
③ 공휴일 ④ 경축일

2 다음 중 국경일이 <u>아닌</u> 것은 어느 것인가요? (   )

① 삼일절 (3월 1일) ② 현충일 (6월 6일)
③ 광복절 (8월 15일) ④ 한글날 (10월 9일)

> 한글날은 2013년부터 다시 쉬는 날로 정했어요.

3 다음 중 유일하게 쉬지 않는 국경일은 어느 날인가요? (   )

① 제헌절(7월 17일) ② 광복절(8월 15일),
③ 개천절(10월 3일) ④ 한글날(10월 9일)

4 특정한 일이나 의미 있는 사건을 기념하기 위해 국가에서 정한 날을 무엇이라 하나요?

☐ ☐ ☐ ☐

그중 몇 가지의 의미를 알아볼까요?

삼일절(3월 1일)은
1919년 3월 1일 *정오에 파고다 공원에서 자주독립을 선언하며 평화적 만세 시위를 했던 날을 기념하기 위해 지정된 날이에요.

현충일(6월 6일)은
나라를 위하여 목숨을 바친 *애국선열과 국군 장병들의 *넋을 위로하고, *충절을 *추모하기 위하여 정한 기념일이에요.

제헌절(7월 17일)은
1948년 7월 17일 우리나라의 헌법을 *공포한 날을 기념하기 위해 지정한 날이에요.

광복절(8월 15일)은
1945년 8월 15일 일본의 식민지배에서 벗어나 1948년 8월 15일 대한민국 정부가 수립된 날을 기념하기 위해 지정된 날이에요.

개천절(10월 3일)은
단군이 최초의 민족국가인 단군조선을 건국한 날을 기념하기 위해 지정한 날이에요.

한글날(10월 9일)은
세종대왕이 훈민정음을 *반포한 날을 기념하기 위한 날이에요.

다음 문제를 읽고 물음에 답하세요.

1 1919년 3월 1일 파고다 공원에서 자주독립을 선언하며 평화적 만세 시위를 했던 날을 기념하기 위해 지정된 날은 무슨 날인가요? (   )

① 삼일절　　　　　　　② 현충일
③ 광복절　　　　　　　④ 개천절

2 대한민국 정부의 헌법을 공포한 날을 기념하기 위해 지정한 날을 무엇이라 하나요?

☐ ☐ ☐

3 국가 기념일은 원래 공휴일은 아니지만, 공휴일로 지정되어 쉬는 날은 어떤 날인가요? (2개)(,   )

① 어린이날　　　　　　② 어버이날
③ 현충일　　　　　　　④ 식목일

4 현충일은 무슨 일을 기념하기 위한 날인가요? (   )

① 자주독립을 선언하며 평화적 만세 시위를 했던 날
② 나라를 위하여 목숨을 바친 애국선열들을 추모하기 위한 날
③ 대한민국 정부의 헌법을 공포한 날
④ 일본의 식민치하에서 벗어나 대한민국 정부가 수립된 날

*정오 : 낮 12시
*애국선열 : 나라를 위해 싸우다 죽은 사람
*넋 : 정신이나 마음
*충절 : 충성스러운 절개

*추모 : 죽은 사람을 그리며 생각함
*공포 : 공식적으로 널리 알림
*반포 : 세상에 널리 퍼뜨려 모두 알게 함

지혜를 키워주는 한국의
문화 이야기 상

두 번째 이야기
우리나라의 명절과 세시풍속

1. 우리나라의 명절(3대 명절)
2. 세시풍속 및 전통의례
3. 우리나라의 전통놀이

세 번째 이야기
우리 선조들의생각

1. 우리 선조들의 생각 (한국인의 정신문화)
2. 한국의 민요
3. 태권도
4. 한국의 멋

두 번째 이야기

우리나라의 명절과 세시풍속

❶ 우리나라의 명절 (3대 명절 – 설, 단오, 추석)

우리 선조들은 오랜 *관습에 따라 '좋은 날'을 정하고 지켰으며 이날을 *명절이라고 합니다.

명절날에는 가족들이 함께 모여 *조상에게 *차례를 지내고 *성묘도 하며 즐겁게 보내는 *풍습은 오늘날까지 이어지고 있습니다.

1) 설

우리 선조들은 *음력을 사용하였습니다.

우리가 지금 쓰고 있는 달력은 양력으로 태양의 움직임을 기준으로 날짜를 계산하는 반면, 음력은 달의 움직임을 기준으로 하고 있지요.

새해의 첫날(음력 1월 1일)을 설날이라고 해요.

설날은 새해가 시작되는 첫날이므로 몸과 마음을 깨끗이 한 다음, 아침에 *떡국을 끓이고 상을 차려 조상에게 차례를 지냈습니다.

다음 문제를 읽고 물음에 답하세요.

1 오랜 관습에 따라 정하고 지킨 '좋은 날'을 무엇이라고 하나요?

☐ ☐

2 우리나라의 3대 명절에 속하지 <u>않는</u> 것은 무엇인가요? (　　)

① 설날　　② 추석　　③ 단오　　④ 정월대보름

3 음력으로 새해 첫날을 무엇이라고 하나요? (　　)

① 설날　　② 추석　　③ 단오　　④ 동지

4 명절날 음식을 차려 놓고 조상에게 제사 지내는 일을 무엇이라고 하나요? (　　)

① 세배　　② 절　　③ 차례　　④ 성묘

5 설날에 먹는 대표적인 음식은 무엇인가요? (　　)

① 송편　　② 떡국　　③ 팥죽　　④ 오곡밥

 낱말공부

*관습 : 오래된 습관
*명절 : 관습에 따른 좋은 날 (설, 추석 등)
*조상 : 돌아간 어버이 위로 대대의 어른
*차례 : 명절날 아침에 지내는 제사
*성묘 : 조상의 산소를 찾아 절하는 풍습
*풍습 : 풍속과 습관을 아울러 이르는 말
*음력 : 달의 움직임을 기준으로 하는 달력
*떡국 : 가래떡을 얄팍하게 썰어 끓인 국

　차례가 끝나면 먼저 어른들에게 *세배를 올립니다.
　아이들은 "새해 *복 많이 받으세요." 하며 세배를 드렸고, 어른들은
"그래, 새해에도 건강하고 공부도 열심히 해라."
하고 *세뱃돈을 주시며 *덕담을 하셨답니다.
　덕담은 '건강하게 지내고 잘 돼라.'는 *기원의 말씀으로, 대개는 아랫사람의 *형편에 맞는 말씀을 해주십니다.

　공부하는 아이들에게는 공부 잘하고 건강하기를 빌어 주시고, 어린 아이들에게는 건강하고 어른 말씀을 잘 듣기를 청하셨어요.
　설날에 어른들이 들려주신 말씀을 따라 일 년을 보내게 되니, 얼마나 좋은 일이에요?
　세배가 끝나면 온 집안사람들이 모여 차례 음식으로 차려진 아침을 같이 먹습니다.

다음 문제를 읽고 물음에 답하세요.

1 설날 아침 차례가 끝나면 한 해 동안 건강히 지내시라고 어른께 올리는 절을 무엇이라고 하나요?

2 설날 어른께 세배하면 어른들이 아이들에게 해 주시는 좋은 말씀을 무엇이라고 하나요?

> 세배를 하면 세뱃돈과 덕담을 해주세요.

3 설날 아침 하는 일의 순서대로 번호를 쓰세요.

아침 식사하기	차례 지내기	세배하기
( )	( )	( )

4 설날에 세뱃돈을 받은 적이 있나요? 세뱃돈을 받았을 때 마음이 어떠했는지 써보세요.

*세배 : 설날에 어른께 올리는 절
*복 : 행복, 좋은 운수
*세뱃돈 : 설날 세배하는 아이에게 어른이 주는 돈
*덕담 : 잘되기를 비는 마음으로 하는 좋은 말
*기원 : 바라는 일이 이루어지기를 빎
*형편 : 일이 되어 가는 상태나 상황

설날에 많이 하는 *전통놀이로는 '윷놀이'가 있어요.

윷놀이는 윷을 던져서 나오는 도, 개, 걸, 윷, 모에 따라 *말판의 말을 움직여서, 말들을 모두 *결승점으로 옮기면 이기는 놀이입니다.

도는 윷가락이 한 개만 뒤집어진 것으로 한 칸을 움직일 수 있고,
개는 두 개가 뒤집어진 것으로 두 칸,
걸은 윷가락이 세 개가 뒤집어진 것으로 세 칸,
윷은 네 개가 모두 뒤집어진 것으로 네 칸을 움직일 수 있으며,
모는 네 개 모두 엎어져 있는 것으로 다섯 칸을 움직일 수 있답니다.

윷이나 모가 나오면 한 번 더 던질 수 있어요. 윷판에서 움직이는 상대 팀 말을 잡을 수도 있고, 우리 팀 말을 업을 수도 있는 참 재미있는 놀이입니다. 윷놀이를 통해 한마음이 되어 즐거움을 나눌 수 있었답니다.

1. 윷놀이에서 윷가락의 뒤집어진 수에 따라 불리는 이름을 바르게 줄로 이어 보세요.

2. 걸이 나오면 말은 몇 칸 움직일 수 있나요? (   )

   ① 2칸   ② 3칸   ③ 4칸   ④ 5칸

3. 윷놀이는 어떻게 하면 이기는 놀이인가요? (   )

   ① 상대방의 말을 다 잡으면 이긴다.
   ② 상대방의 말을 다 업으면 이긴다.
   ③ 상대방보다 먼저 말을 결승점에 옮기면 이긴다.
   ④ 윷이나 모가 많이 나오면 이긴다.

말판 모양

 낱말공부

*전통놀이 : 각 지방의 풍속과 생활 모습이 반영된 민간에 전하여 오는 여러 가지 놀이
*말판 : 윷놀이에서 말이 가는 길을 그린 판   *결승점 : 승부가 결정되는 지점

설날에는 윷놀이 외에 연날리기도 했어요.

연날리기는 주로 남자들이 설날부터 대보름까지 하는 놀이고, 여자들은 널뛰기를 했어요. 이뿐만 아니라 팽이치기와 제기차기 등 여러 가지 놀이를 했답니다.

설날은 맛있는 음식도 많이 먹고, 주머니도 두둑해지는 기분 좋은 날이므로 설날을 손꼽아 기다리게 되지요.

2) *단오(음력 5월 5일)

단옷날에는 산에서 자라는 수리취라는 나물을 뜯어 ***수리취떡**을 해먹기도 하고, 쑥으로 떡을 해서 하늘에 제사를 지내기도 했는데, 떡 모양이 수레바퀴 모양이어서 '수리치떡'이라고도 합니다.

단옷날에 창포물에 머리를 감으면 머리카락이 윤기가 나고, 빠지지 않는다고 해서 ***창포** 삶은 물로 머리를 감습니다. 또한, 여자들은 그네를 타고, 남자들은 씨름을 즐겼답니다.

씨름에서 우승한 사람에게는 상으로 황소를 주기도 했어요.

*단오 : 음력 5월 5일. 남자는 그네 타고, 여자는 창포 삶은 물에 머리를 감는 풍습이 있음
*수리취떡 : 수리취 나물과 쌀가루를 버무려 수레바퀴 모양으로 만든 떡
*창포 : 습지에서 자라는 한해살이 풀 이름

다음 문제를 읽고 물음에 답하세요.

1 설날에 했던 놀이가 <u>아닌</u> 것은 어느 것인가요? (   )

① 연날리기   ② 윷놀이
③ 제기차기   ④ 씨름

2 단오는 언제인가요?

음력 □ 월 □ 일

3 단오에 하는 일이 <u>아닌</u> 것은 어느 것인가요? (   )

① 여자들은 창포물에 머리를 감는다.
② 여자들은 그네를 탄다.
③ 남자들은 씨름을 한다.
④ 남자들은 윷놀이를 한다.

4 단오날에 먹는 음식은 무엇인가요? (   )

① 송편   ② 떡국
③ 수리취떡   ④ 시루떡

3) *추석(음력 8월 15일)

추석은 음력 8월 15일로 '중추절'이라고도 하는데, '중추'는 8월을 뜻하는 말입니다.

설, 단오와 더불어 3대 명절의 하나로, 집집마다 *햇곡식으로 송편을 빚고, *토란국을 끓여 햇과일과 함께 조상님께 차례를 지내고, *성묘를 했습니다.

추석을 '*한가위'라고도 하는데 '한'은 '크다'라는 뜻이고, '가위'는 '가운데'라는 뜻으로 '8월 한가운데에 있는 큰 날'이라는 뜻입니다.

추석이 오기 전에, 먼저 조상님들의 무덤인 산소에 자란 풀들을 베어 내고 손질하는 일을 했어요.

이것을 '*벌초'라고 하는데 온 집안 친척들이 모두 나서서 한답니다.

추석날 아침에도 설날과 같이 조상님께 차례를 올렸습니다.

추석 때 차례상에 올리는 떡이 바로 '송편'입니다.

송편을 빚는 일 또한 온 집안사람들이 모여서 같이 했답니다. 송편을 예쁘게 빚어 서로 손재주를 자랑하였지요.

1 추석은 언제인가요?

음력 ☐ 월 ☐ 일

2 추석에 대해 잘못 말한 것은 어느 것인가요? ( )

① 햇곡식으로 송편을 빚는다.
② 햇곡식과 햇과일로 차례를 지낸다.
③ 웃어른께 세배를 드린다.
④ 산소에 가서 성묘를 한다.

3 추석 날 햇곡식으로 빚어 차례상에 올리는 떡의 이름은 무엇인가요? ( )

① 절편   ② 송편   ③ 가래떡   ④ 시루떡

4 추석을 다른 말로 무엇이라고 하나요?

☐☐☐ , ☐☐☐

5 추석이 오기 전에 조상님들의 무덤에 난 풀을 베어내고 산소를 돌보는 일을 무엇이라고 하나요?

☐☐

 낱말공부

*추석 : 음력 8월 15일, 다른 말로 '한가위'라고도 함
*햇곡식 : 올해 추수한 곡식
*토란국 : 토란이라는 식물의 뿌리를 주재료로 끓인 국
*성묘 : 조상의 산소를 찾아 절하는 풍습
*한가위 : 추석의 다른 말
*벌초 : 산소에 자란 풀을 베는 일

　예쁘게 빚은 떡은 *솔잎을 깔고 *시루에 쪄낸 다음 솔잎을 떼어 내고 참기름을 발라 맛을 더했답니다.
　바로 먹지 않는 송편은 솔잎째 놓아두었어요. 솔잎은 향도 나지만 떡이 쉽게 상하지 않게 하는 *방부제 역할을 했어요. 아직은 더운 추석 때 솔잎을 넣어 자연 방부제로 썼었다니 우리 조상님들의 지혜가 돋보입니다.
　추석에는 음식과 과일이 풍성해서 '더도 말고 덜도 말고 팔월 한가위만 같아라.'라는 말도 생겨났답니다.
　여자들은 달밤에 '*강강술래' 놀이를 하며 놀았어요.
　강강술래는 밝은 달 아래서 빠른 가락으로 서로 손을 잡고 노래를 부르면서 빙글빙글 도는 놀이랍니다.
　남자들은 소먹이놀이, 소싸움, 닭싸움 놀이를 하였답니다. 이런 놀이는 풍년을 축하하는 뜻이 담긴 놀이랍니다.
　우리나라가 오랫동안 농사를 지으며 사는 농경 사회였기 때문에 생겨난 *민속놀이지요. 바로 조상들의 삶이었답니다.

다음 문제를 읽고 물음에 답하세요.

1 추석날 먹는 떡을 찔 때 솔잎을 깔고 찌는 이유를 2가지 찾아 보세요.
(,)

① 떡에서 솔잎 향이 나게 하려고
② 모양을 예쁘게 하려고
③ 더운 날씨에 떡이 상하지 않게 하려고
④ 고급스럽게 보이려고

2 추석은 음식과 과일이 풍부해서 어떤 말이 생겨났나요? 본문에서 찾아 써 보세요.

3 여자들이 추석날 달밤에 서로 손을 잡고 노래를 부르면서 빙글빙글 도는 놀이의 이름은 무엇인가요?

4 추석에 남자들이 하는 소먹이놀이, 소싸움, 닭싸움놀이는 어떤 뜻이 담겨 있는 놀이인가요? (   )

① 풍년이 들게 해달라는 뜻   ② 풍년을 축하하는 뜻
③ 서로 힘을 합치자는 뜻   ④ 건강하게 해달라는 뜻

낱말공부

*솔잎 : 소나무 잎
*시루 : 떡이나 쌀 따위를 찌는 데 쓰는 둥근 질그릇.
*방부제 : 물건이 썩지 않게 하는 약
*강강술래 : 여자들이 한복을 입고 둘러 모여 추는 춤
*민속놀이 : 민간에 전하여 내려오는 놀이. 각 지방의 생활과 풍속이 잘 나타나 있음

02 세시풍속 및 전통의례

　우리나라는 농사를 지으며 사는 나라였어요.
　그래서 1월부터 12월까지 매달 특별한 날을 정하고 지켰답니다.
　노동은 힘든 일이므로 쉬는 날이 필요했어요. 그래서 세시 명절을 만들어 그날만이라도 일손을 놓고 쉬었답니다.
　세시 명절에는 놀기만 한 것이 아니고, '농사가 잘되게 해 달라'고 기원하는 의미도 있었고, 또 '농사가 잘되게 해주어서 감사하다'는 의미도 있었답니다.

1) 정월 대보름 -음력 1월 15일

　정월 대보름날(음력 1월 15일)은 일 년 중 달이 가장 둥글고, 크게 보이는 날이랍니다.
　그날은 다섯 가지 곡식을 섞어 지은 *오곡밥을 이웃과 나누어 먹고, 밝은 달을 보며 1년 동안 가족의 건강을 빌었습니다.
　또 병에 걸리지 않게 해달라는 *소망이 담긴, 땅콩이나 잣, 호두 등의 *부럼을 깨기도 했고, 모여서 *연날리기도 하며 즐겁게 지냈습니다.
　이 밖에도 우리 악기인 징, 장구, 북, 소고, 꽹과리 등으로 신명나게 연주하는 풍물놀이도 있고, 지신밟기나 줄다리기, 연날리기, 놋다리밟기 등 마을 공동의 놀이를 통해 협동정신을 다지는 행사를 했답니다.

다음 문제를 읽고 물음에 답하세요.

1 세시 명절에 대해 **잘못** 설명한 것은 어느 것인가요? (   )

① 힘든 농사일에서 그날만이라도 일손을 놓고 쉬라는 의미가 있다.
② 농사가 잘되게 해 달라고 기원하는 의미도 있다.
③ 조상님께 차례를 지냈다.
④ 농사가 잘되게 해주어서 감사하다는 의미도 있다.

> 정월대보름에는 온가족이 밝은 달을 보며 가족의 건강을 빌었어요.

2 정월 대보름은 언제인가요?

음력 [   ] 월 [   ] 일

3 정월 대보름에 대한 설명 중 **잘못**된 것은 어느 것인가요? (   )

① 다른 말로 한가위라고도 한다.
② 일 년 중 달이 가장 둥글고 크게 보이는 날이다.
③ 다섯 가지 곡식을 섞어 지은 오곡밥을 먹는다.
④ 병에 걸리지 않게 해달라고 땅콩이나 잣, 호두 등 부럼을 깨기도 했다.

낱말공부

*오곡밥 : 쌀, 팥, 콩, 조, 수수 등 다섯 가지 곡식으로 지은 밥
*소망 : 바라는 일
*부럼 : 한 해의 건강을 비는 의미에서 보름날 깨는 잣, 땅콩, 호두 등
*연날리기 : 종이로 모양을 만들어 실에 연결하여 하늘에 띄우는 놀이

2) *동짓날 (12월 22일)

　동지는 일 년 중에서 밤이 가장 길고 낮이 가장 짧은 날입니다. 그래서 나쁜 기운이 가장 활발히 활동한다고 생각하여 집집마다 팥죽을 끓여 대문이나 집 주위에 뿌리기도 하였어요. 이것을 *액막이'라 하는데 팥의 붉은 기운이 나쁜 기운을 막아 준다고 여겼어요.

　팥죽 속에 찹쌀가루로 *단자를 만들어 넣어 끓이는데, 새알처럼 만들어서 *새알심이라 한답니다.

　일부 지방에서는 새알심을 나이 수대로 먹는 풍습도 있어요. 그래서 '동지팥죽을 먹어야 진짜 나이를 한 살 더 먹는다.'는 말이 생겼답니다.

팥죽

3) 돌잔치

　아기가 태어난 지 1년이 되는 날에는 태어난 아기가 건강하게 잘 자라기를 비는 마음으로 맛있는 음식을 준비하고 친척들을 초대하여 돌잔치를 하였어요.

　돌날에는 백설기·수수팥떡·경단·대추·과일·쌀·국수·책·붓·먹·벼루·무명실·활(여아는 자) 등으로 상을 차리고 돌쟁이 어린애를 상 앞에 앉히는데, 이때 아이가 맨 먼저 집는 물건의 뜻을 좋게 해석해서, 축복하는 풍습이 있어요. 아이가 붓이나 책을 잡으면 공부를 잘 할 것이라고 축하해 주었다고 합니다.

다음 문제를 읽고 물음에 답하세요.

1 동짓날 먹는 대표적인 음식은 무엇인가요? (　　)

① 떡국　　② 송편　　③ 수리취떡　　④ 팥죽

2 동지는 어떤 날인가요? (　　)

① 일 년 중 낮이 가장 긴 날　　② 일 년 중 밤이 가장 긴 날
③ 나이를 한 살 더 먹는 날　　④ 새알을 먹는 날

3 아기가 태어난 지 1년이 되는 날 하는 잔치를 무엇이라고 하나요?

□ □ □

4 돌잔치는 왜 하였나요? (　　)

① 아기가 예뻐서
② 아기가 잘 자라주기를 바라는 마음에서
③ 아기가 태어난 것을 축하하려고
④ 친척들에게 아기를 자랑하려고

5 돌상에 놓이는 특별한 음식이나 물건이 <u>아닌</u> 것은 무엇인가요? (　　)

① 가위　　　　　　　② 수수팥경단
③ 책과 붓　　　　　　④ 명주실과 국수

낱말공부

*__동짓날__ : 양력 12월 22일 경(일년 중 밤이 가장 긴 날)　　*__단자__ : 찹쌀가루를 반죽하여 동글동글 하게 빚어서 만든 떡
*__액막이__ : 나쁜 기운을 막아 줌　　*__새알심__ : 팥죽에 넣은 쌀로 만든 새알 모양의 떡

4) 관례(성인식)

관례는 남자나 여자가 어린이에서 어른으로 성장하였으며, '지금부터는 맡은바 모든 일에 책임을 다해야 한다.'는 의미가 있는 *의식을 통해 아이와 어른을 구분하는 기준으로 삼기도 하였습니다.

지역마다 차이는 있었으나, 남자는 정월 대보름 무렵에 마을 어귀에 있는 무거운 돌을 들어 올림으로써 어른으로 인정받아 *댕기를 풀고 머리를 올려 *상투를 틀 수 있었으며, 여자는 머리를 말아 쪽을 지어서 비녀를 꽂았습니다.

관례는 보통 15~20세 사이에 치르며, 관례를 치른 사람은 비록 혼인하지 않았다 하더라도 어른의 대접을 받았으며, 노동력도 인정하여 어른 *품삯을 받았고, *혼례를 치를 수 있는 자격도 얻는 셈입니다.

*의식 : 일정한 방식에 따라 치르는 행사
*댕기 : 길게 땋은 머리끝에 묶는 장식용 헝겊이나 끈
*품삯 : 일을 하고 받는 돈
*상투 : 남자가 머리털을 끌어 올려 정수리 위에 틀어 감아 맨 것
*혼례 : 부부 관계를 맺는 서약을 하는 의식

다음 문제를 읽고 물음에 답하세요.

1 어린이에서 어른으로 성장하였음을 나타내는 의식을 무엇이라고 하나요?
(   )

① 관례　　　　　② 혼례
③ 제례　　　　　④ 상례

2 관례(성인식)는 어떤 의미를 담고 있나요? 본문에서 찾아 쓰세요.

┌─────────────────────────────────┐
│   │
└─────────────────────────────────┘

3 관례는 보통 몇 세에 치르게 되나요? (   )

① 13~15세　　　　② 15~20세
③ 18~22세　　　　④ 20~25세

4 관례식을 치른 남자와 여자는 머리를 어떻게 하였나요?

1) 남자　•　　　•　머리를 말아 쪽을 지어서 비녀를 꽂았다.

2) 여자　•　　　•　댕기를 풀고 머리를 올려 상투를 틀 수 있다.

5) 혼례(결혼식)

혼례란 어른이 된 남녀가 부부의 인연을 맺는 일생일대의 중요한 *통과의례입니다.

우리 선조들은 '남녀 7세 부동석'이라 하여 어린아이 때부터 남녀의 구별을 매우 엄격하게 하였어요. 그래서 대부분 친척이나 주위 사람의 소개로 중매결혼을 하였으며, 부모님께서 정해 주는 대로 전혀 얼굴도 알지 못하는 사람과 혼인을 하였답니다.

혼인할 상대가 정해지면 남자와 여자의 생년, 월, 일, 시간을 적은 '사주단자'로 *궁합을 맞추어 보고, 혼인 날짜를 정해 신랑 집에서 신부 집으로 신부의 옷감과 예물, 혼인과 관련한 *혼서지를 담은 '함'을 보내 약혼을 증명하였어요. 옛날에는 보통 첫 아들을 낳은 복 많은 사람이 '함진아비'가 되어 함을 등에 지고 가서 전달했으나, 오늘날에는 가까운 친구나 친척이 전달해 주기도 해요.

*통과의례 : 출생, 성년, 결혼, 사망과 같이 사람이 반드시 겪게 되는 의식
*궁합 : 혼인할 남녀의 사주를 오행에 맞추어 보아 부부로서의 좋고 나쁨을 알아보는 점
*혼서지 : 혼인할 때 신랑집에서 신부집에 보내는 결혼을 허락한다는 편지

다음 문제를 읽고 물음에 답하세요.

1 어른이 된 남녀가 부부의 인연을 맺는 일생일대의 중요한 통과의례를 무엇이라 하나요?

☐ ☐

2 결혼할 남자와 여자의 생년 월 일 시간을 적은 종이를 무엇이라고 하나요?

(　　)

① 사주단자　　② 혼서지
③ 함진아비　　④ 함

> 혼서지는 혼인할 때 신랑집에서 예단과 함께 신부집에 보내는 편지에요.

3 옛날에 함진아비는 어떤 사람이 주로 하였나요? (　　)

① 나이가 많은 사람　　② 첫아들을 낳은 복 많은 사람
③ 돈이 많아 부자인 사람　　④ 신랑의 친구

4 남자와 여자는 일곱 살이 되면 같은 자리에 앉지 않는다는 뜻을 가진 말을 찾아 써 보세요.

☐ ☐ ☐ ☐ ☐ ☐

　혼례식을 마친 신부는 시부모나 그 밖의 시댁 어른들에게 처음으로 인사를 올리기 위하여 '폐백'이라는 특별한 음식을 준비하는데, 지방에 따라 약간씩 차이가 있어요.

　이때 폐백에 쓰이는 *용떡은 *출세를 바라는 뜻이 있으며, 쌀은 부자 되기를, 닭은 자손이 잘되기를, 소나무와 대나무는 *절개를, 청실홍실은 부부가 사이좋게 잘 살기를 바라는 마음이 담겨 있으며, 대추나 밤과 은행은 자손들의 행복과 *번영을 기원하는 뜻이 담겨 있답니다.

　시대가 바뀌어도 오늘날까지도 그 내용과 형식이 유지되고 있어요.

다음 문제를 읽고 물음에 답하세요.

1 혼례식을 마친 신부는 시부모나 그 밖의 시댁 어른들에게 처음으로 인사를 올리기 위한 특별한 음식을 무엇이라고 하나요?

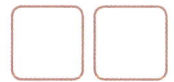

2 폐백에 쓰이는 음식에 담긴 뜻을 바르게 연결하여 보세요.

1) 육떡 • • 부부가 사이좋게 잘 살기를 바람

2) 쌀 • • 절개를 지킴

3) 청실, 홍실 • • 출세를 바람

4) 소나무, 대나무 • • 부자가 되기를 바람

3 폐백 음식 중 자손들의 행복과 번영을 기원하는 음식은 무엇이 있나요? 모두 찾아 써보세요.

 낱말공부

*용떡 : 용의 모양과 비슷하게 만든 가래떡 *절개 : 뜻을 굽히지 아니하고 굳게 지키는 꿋꿋한 태도
*출세 : 높은 지위에 오르거나 유명하게 됨 *번영 : 번성하고 영화로워짐

6) 상례

상례란 사람이 죽으면 땅에 묻거나 *화장하는 *장례를 마무리하기까지의 과정을 말하는 거예요.

요즈음은 대부분 장례식장에서 장례를 치르지만, 옛날에는 집안에서 장례를 치렀어요.

장례는 개인의 사정에 따라 3일이나, 5일장으로 치렀으며, '효'를 중시했던 우리 선조들은 부모님께서 돌아가신 뒤에도 3년 동안 아무 일도 하지 않고, 부모님의 *묘소 주위에 작은 집을 짓고 무덤을 돌보는 '시묘살이'를 했답니다.

오늘날 장례형식은 간소화되었지만 돌아가신 부모님에 대한 효의 정신은 변함이 없어요.

다음 문제를 읽고 물음에 답하세요.

1 사람이 죽으면 땅에 묻거나 화장하는 장례를 마무리하기까지의 과정을 무엇이라 하나요? (   )

① 관례　　　　　　② 혼례
③ 상례　　　　　　④ 제례

2 부모님께서 돌아가신 뒤에도 3년 동안 묘소 주위에 작은 집을 짓고 무덤을 돌보는 일을 무엇이라 하나요? (   )

① 시집살이　　　　② 시묘살이
③ 처가살이　　　　③ 묘소살이

3 오늘날에는 장례를 대부분 어디에서 치르고 있나요?

□ □ □ □

4 오늘날 상례는 많이 간소화되었지만 아직까지도 변함이 없는 것은 무엇인가요? (   )

① 장례형식　　　　② 돌아가신 부모에 대한 효
③ 장례를 치르는 장소　④ 장례 때 입는 옷

낱말공부

*화장하는 : 죽은 사람의 시체를 불에 태워서 장사지내는
*장례 : 장사를 지내는 일
*묘소 : 무덤을 높여 부르는 말

7) 제례

제례는 해마다 조상이 돌아가신 날에 자손들이 정성을 다해 음식을 준비하여 돌아가신 분을 기리는 의식이에요.
전통제례는 *형식이 매우 복잡하였으나, 현대는 *간소화된 방법으로 제사를 지내기도 해요.

자손들이 모여 정성스럽게 음식을 준비하여 제사상을 차리고 *격식을 갖춰 절을 합니다. 제사가 끝난 다음엔 '음복'이라고 해서 돌아가신 분의 살아계실 때의 모습이나 말씀을 생각하며 제사에 쓰인 음식을 같이 나누어 먹는답니다.

제사의 형식이나 절차는 옛날과 비교하면 간소화되었지만, 돌아가신 조상을 받들고 섬기는 정신은 아직도 지켜지고 있답니다.

제사상

다음 문제를 읽고 물음에 답하세요.

1 해마다 조상이 돌아가신 날에 자손들이 정성을 다해 음식을 준비하여 돌아가신 분을 기리는 의식을 무엇이라 하나요? (   )

① 관례 ② 혼례
③ 상례 ④ 제례

2 제사를 지낸 다음 '제사에 쓰인 음식을 같이 나누어 먹는 것'을 무엇이라 하나요?

☐ ☐

3 제사의 형식이나 절차는 옛날과 비교하면 간소화되었지만, 변하지 않고 지켜지고 있는 것은 무엇인가요? (   )

① 제사를 지내는 시간   ② 제사상에 차리는 음식
③ 조상님을 섬기는 정신   ④ 제사를 지낼 때 입는 옷

4 제사는 언제 지내나요? (   )

① 해마다 조상이 돌아가신 날에 ② 해마다 설날 아침에
③ 해마다 추석날 아침에   ④ 해마다 조상님이 태어난 날에

낱말공부

*형식 : 일을 할 때의 일정한 절차나 양식
*간소화 : 간략하고 소박하게 됨
*격식 : 상황에 맞는 일정한 방식

③ 우리나라의 전통놀이

우리나라는 여러 가지 놀이 문화가 발달하였어요. 놀잇감의 재료는 주로 자연에서 얻어 만들었어요.

여기에서는 우리 어린이들이 즐겼던 놀이 위주로 소개하려고 해요.

1) 연날리기

주로 12월부터 정월 대보름까지 계속되는 놀이에요.

연은 대나무로 가늘게 살을 다듬어 한지에 붙이고 줄을 맨 후 '*얼레'(자새, 연실꾸리)의 실과 이으면 완성돼요.

연에는 방패연과 가오리연 등이 있어요.

방패연은 우리나라에만 있는 연으로, 사각형 모양에 가운데 구멍을 내어 강한 바람을 받아도 연이 잘 올라갈 수 있게 하였답니다.

가오리 연은 *가오리 모양으로 만들어 길게 꼬리를 달아 띄우는데, 만들기가 쉽고 잘 올라가서 주로 어린이들이 즐겨 날리는 연이에요.

연실을 튼튼하게 하려고 풀 끓인 물에 사기 가루나 유리 가루를 타서 연실에 바르고 말려서 사용하기도 해요. 연싸움을 할 때 다른 연의 줄을 끊기가 쉬워지기 때문이지요.

*얼레 : 연줄, 낚싯줄 따위를 감는 데 쓰는 기구. 나무 기둥의 설주를 두 개나 네 개 또는 여섯 개로 짜서 맞추고 가운데에 자루를 박아 만든다.
*가오리 : 가로로 넓적한 마름모 모양으로 꼬리가 긴 물고기

다음 문제를 읽고 물음에 답하세요.

1 우리나라 전통놀이의 재료는 주로 어디에서 얻었나요? (   )

① 시장　　　② 자연
③ 공장　　　④ 집

2 연날리기는 주로 어느 계절에 하는 놀이인가요? (   )

① 봄　　　② 여름
③ 가을　　　④ 겨울

3 우리나라에만 있는 연으로 사각형 모양에 가운데 구멍을 낸 연의 이름은 무엇인가요?

[   ]

4 다음 중 연과 관계가 없는 것은 무엇인가요? (   )

① 대나무　　　② 한지
③ 엽전　　　④ 얼레

5 연실을 튼튼하게 하려고 어떤 방법을 썼나요? (   )

① 풀 끓인 물에 사기 가루를 타서 연실에 발랐다.
② 연실을 여러 겹으로 하였다.
③ 연실을 가늘고 길게 하였다.
④ 한지를 꼬아서 연실을 만들었다.

　정월 대보름날 밤이 되면 달맞이를 하고 난 후에 각자 띄우던 연에 액막이의 '액' 자를 쓰거나 *소망을 담은 글을 써서 멀리 띄워 보냈답니다.

　나쁜액을 멀리 날려 보냄으로써 좋은 일만 있기를 바라는 마음이지요.

　추운 겨울 방에만 움츠리고 있는 것이 아니고 들판에 나가 바람을 온몸으로 느끼고, 바람을 이용하는 방법을 알게하려는 조상들의 지혜가 담긴 놀이랍니다.

다음 문제를 읽고 물음에 답하세요.

1 보름날이 되면 띄워 보내는 '연'에 썼던 글자는 무엇인가요?

☐ 자 나 ☐ ☐ 이 담긴 글

2 왜 문제 1번과 같은 글자를 써서 띄워 보냈을 까요? 2가지 고르세요 (,)

① 연날리기가 하기 싫어서
② 나쁜액을 멀리 날려 보내려고
③ 좋은 일만 있기를 바라는 마음에서
④ 멀리 있는 친구에게 소식을 전하려고

3 연날리기는 아이들에게 무엇을 가르쳐 주려는 놀이인가요.? (   )

① 추위를 이기는 방법　② 바람을 맞는 방법
③ 연을 잘 만드는 방법　④ 바람을 이용하는 방법

4 다음 문장에서 알맞는 낱말에 ○하세요.

춥다고 몸을　움추리고 (   ) / 움츠리고 (   )　있으면 안됩니다.

 낱말공부

*소망 : 어떤 일을 바람. 또는 그 바라는 것

2) 제기차기

제기는 구멍이 뚫린 *엽전을 아주 얇고 질긴 *미농지나 헝겊으로 싸고 묶은 후 그 끝을 갈래갈래 찢어서 만들었지만, 요즈음은 비닐로 된 상품을 많이 쓰고 있어요.

제기를 공중에 던져 발로 받아 땅에 떨어뜨리지 않고 많이 차는 사람이 승리하는 놀이에요. 발로 차던 제기가 땅으로 떨어지면 지는 거랍니다.

제기 차는 방법에는 '한발들고차기' '양발로차기' '외발차기' 등이 있어요. 한발들고차기는 한쪽 발을 계속 땅에 대지 않고 차기 때문에 '헐렁차기'라고도 해요. 양발차기는 제기를 양쪽 발로 번갈아 차는 것이고, 외발차기는 제기를 한쪽 발로만 차는 것이에요.

사람마다 제기를 차는 모습이 독특해서 그 몸짓을 보고 서로들 웃곤 한답니다.

1 구멍이 뚫린 엽전을 미농지나 헝겊으로 싸고 묶은 후 그 끝을 찢어서 만든 것을 무엇이라고 하나요?

☐

2 제기를 양쪽 발로 번갈아 차는 방법을 무엇이라고 하나요? ( )

① 한발들고차기　　　② 외발차기
③ 양발차기　　　　　④ 헐렁차기

3 제기차기에서 승리를 하는 방법은 무엇인가요? ( )

① 제기를 더 높게 찬다.
② 발로 차던 제기를 땅에 떨어뜨린다.
③ 제기를 발로 멀리 차 보낸다.
④ 제기를 땅에 떨어뜨리지 않고 많이 찬다.

4 다음 문장에서 바른 낱말을 찾아 ○표하세요.

제기를 차다가 땅에 [떨어뜨리면( ) / 떨어트리면( )] 죽는 것입니다.

 낱말공부

*엽전 : 예전에 사용하던, 놋쇠로 만든 돈. 둥글고 납작하며 가운데에 네모진 구멍이 있음
*미농지 : 닥나무 껍질로 만든 질기고 얇은 종이

3) 공기놀이

주로 여자 어린이들이 많이 하는 놀이로, 구슬만 한 돌 다섯 개를 가지고 놀아요.

먼저, 다섯 개를 바닥에 깔아 하나를 위로 던진 후, 그 사이에 하나씩 줍고 떨어지는 돌을 받아요. 이렇게 다 주운 다음에 둘씩 줍고, 세 번째는 세 개, 하나를 줍고, 네 번째는 네 개를 한꺼번에 줍는답니다. 다음은 네 개를 손에 쥐고 한 개를 던지면서 땅에 다 내려놓았다가 다시 주우면서 떨어지는 돌을 받아요. 이것이 끝나면, 다섯 개를 살짝 던져 손등으로 받았다가, 다시 던져 손바닥으로 받는데 한 개에 한 연씩으로 셈하여 정해 놓은 점수에 먼저 *도달하는 사람이 이기는 놀이랍니다.

요즈음은 플라스틱으로 만들어서 하고 있어요.

공기놀이를 많이 하면 손가락운동이 되어 두뇌가 발달한다고 하니 여러분도 많이 해보세요.

다음 문제를 읽고 물음에 답하세요.

1 주로 여자 어린이들이 구슬만 한 돌로 하는 놀이는 무엇인가요? (　　)

① 연날리기　　② 제기차기
③ 공기놀이　　④ 팽이치기

2 공기놀이는 몇 개의 돌을 가지고 하나요?

　　　　[　　　　] 개

3 공기놀이를 많이 하면 무엇이 발달한다고 하였나요? (　　)

① 두뇌　　② 키
③ 손가락　　④ 생각하는 힘

4 다음 중 물건을 세는 단위가 다른 것은 어느 것인가? (　　)

① 양말　　② 장갑
③ 신발　　④ 공깃돌

> 양말, 장갑 등 짝이 있는 물건은 '켤레'라는 단위가 쓰여요.

낱말공부

*도달 : 목적한 곳이나 수준에 다다름

4) 팽이치기

팽이치기는 겨울철에 남자아이들이 주로 하는 놀이에요. 편평한 마당이나 얼음 위에서 팽이채로 팽이를 쳐서 돌리는 놀이에요.

팽이는 둥근 나무를 잘라 아래쪽을 뾰족하게 다듬고 그 중심에 못을 박아 닳지 않게 만들어요.

팽이채는 막대기 끝에 나무껍질이나 헝겊을 동여매 만들어요.

팽이를 치다 보면 자신의 팽이로 상대편의 팽이에 부딪치는 팽이 싸움도 하게 돼요. 먼저 넘어지는 쪽이 지는 거에요.

좋은 팽이를 가지고 있는 것도 아이들에게는 커다란 재산이었답니다.

팽이 만드는 방법을 익히며 기술도 배우고, *전략을 세워 상대를 이기는 *경쟁심도 얻을 수 있으니 이런 놀이에도 선조들의 지혜가 엿보입니다.

다음 문제를 읽고 물음에 답하세요.

1 팽이치기는 주로 어느 계절에 하는 놀이인가요? (   )

① 봄　　　　　② 여름
③ 가을　　　　④ 겨울

2 팽이치기하기에 알맞은 곳은 어디인가요? (   )

① 얼음 위　　　② 모래밭
③ 강가　　　　④ 교실

3 막대기 끝에 나무껍질이나 헝겊을 동여매 팽이를 칠 때 사용 하는 도구는 무엇인가요?

□□□

4 다음 중 팽이가 돌 때의 모습을 나타내는 말은 어느 것인가요? (   )

① 폴짝폴짝　　② 빙글빙글
③ 성큼성큼　　④ 팔랑팔랑

> 모양을 흉내내는 말을 '의태어'라고 해요

낱말공부

***전략** : 경기를 이끌어 가는 방법이나 책략
***경쟁심** : 남과 겨루어 이기거나 앞서려는 마음

5) 비사 치기

비사 치기는 상대편이 일정한 간격으로 납작한 돌을 세워 놓으면 일정한 거리에서 작은 돌멩이를 손으로 던지거나 발로 차서 넘어뜨리는 놀이에요.

주로 봄이나 가을에 넓은 마당에서 놀이를 즐겼어요.

지역에 따라 비석치기, 비사치기, 돌 맞추기 등으로 부르기도 합니다.

돌을 세워 놓고 하는 놀이이기 때문에 약간 넓적한 돌이 필요했어요.

놀이 방법에는 돌을 선 채로 던지기, 발로 차서 맞히기, 발등에 올려놓고 맞히기, 무릎에 끼워서 맞히기, 겨드랑이에 끼워서 맞히기, 어깨에 올려놓고 맞히기, 머리에 올려놓고 맞히기 등 여러 가지 방법이 있어요. 몸의 각 부분에 돌멩이를 끼우거나, 올려놓고 *비석이 있는 곳까지 가서 돌을 떨어뜨려 상대방 비석을 맞혀 넘어뜨리면 이기게 됩니다.

단계별로 어려워지기 때문에 신체의 *균형발달에 도움이 되는 놀이입니다.

다음 문제를 읽고 물음에 답하세요.

1 일정한 간격으로 세워 놓은 돌을 일정한 거리에서 돌을 던지거나 발로 차서 넘어뜨리는 놀이는 무엇인가요? (   )

① 팽이치기　　　　② 비사치기
③ 공기놀이　　　　④ 제기차기

2 비사치기 놀이에 필요한 것은 무엇인가요? (   )

① 팽이채　　　　② 제기
③ 공기　　　　　④ 넓적한 돌

3 비사치기의 놀이는 어떻게 해야 이기는 것인가요? (   )

① 돌을 멀리 던진다.
② 높은 단계로 먼저 올라가면 이긴다.
③ 상대 비석을 먼저 다 맞추어 넘어뜨리면 이긴다.
④ 멀리 있는 돌을 넘어뜨리면 이긴다.

4 □안에 알맞은 말을 본문에서 찾아 쓰세요.

> 비사치기는 단계별로 어려워지기 때문에 신체의 □□□□ 에 도움이 되는 놀이입니다.

 낱말공부

*비석 : 돌로 만든 비
*균형발달 : 어느 한쪽으로 기울거나 치우치지 아니하고 고른 상태로 성장

세 번째 이야기
우리 선조들의 생각

① 우리 선조들의 생각 (한국인의 정신문화)

1) 충 (*사군이충)

우리 조상들은 나라에 대하여 마음속 깊이에서 우러나는 정성을 다하였고(충성), 부모님께는 효도하며, 옳지 않은 일에는 끝까지 싸워 모든 일을 바르게 하고자 노력했어요.

> **예1) 신라 *박제상의 충성에 대한 이야기**

신라 시대 박제상이라는 높은 관리가 있었어요.

그는 일본에 붙잡혀간 왕자들을 그리워하는 임금을 위해, 위험을 무릅쓰고 일본에 가서 왕자들을 탈출시키고, 자신은 왜왕에게 붙잡혔어요.

*왜왕이 박제상에게 물었어요.

"너의 임금님을 섬기는 뜻이 대단히 훌륭하구나. 일본에 머무르며 나에게 충성한다면, ***부귀영화**를 누리며 살게 해주겠다. 나의 신하가 될 생각이 없느냐?"

그러나 박제상은 눈빛 하나 변하지 않고 목청껏 큰소리로 대답하였어요.

"내가 차라리 ***계림**(신라)의 개, 돼지가 될지언정 너 따위의 신하가 되어 부귀를 누리진 않겠다."

왜왕은 이 말을 듣고 화를 내기는커녕 신하로 삼기 위해 끈질기게 달랬으나, 박제상은 뜻을 굽히지 않았어요.

그리고 죽을 때까지도 자신의 나라 계림(신라)을 생각하며, 생을 다하였다고 전해지고 있답니다.

다음 문제를 읽고 물음에 답하세요.

1 박제상은 왜 일본에 갔나요? (   )

① 일본을 구경하기 위해
② 더 많은 공부를 하기 위해
③ 일본에 문화를 전해주기 위해
④ 인질로 잡혀간 신라의 왕자를 구하기 위해

2 박제상은 어느 나라의 신하였나요? (   )

① 고구려　　② 백제　　③ 신라　　④ 조선

3 왜왕이 박제상을 끈질기게 설득한 까닭은 무엇인가요? (   )

① 박제상을 다시 인질로 잡으려고
② 박제상을 자신의 신하로 삼으려고
③ 박제상에게서 정보를 얻으려고
④ 박제상에게서 신라의 문화를 배우려고

4 다음 글에서 □ 안에 알맞은 말을 써넣으세요.

> 정성을 다하여 임금을 모시는 일을 □□ 이라 하고,
>
> 정성을 다하여 부모를 모시는 일을 □□ 라고 합니다.

낱말공부

*사군이충 : 세속 오계의 하나. 충성으로써 임금을 섬긴다는 말
*박제상 : 신라 눌지왕 때의 충신　　*왜왕 : 예전에, 일본의 왕을 낮잡아 이르던 말
*부귀영화 : 재산이 많고 지위가 높으며 귀하여져서 세상에 드러나 온갖 영광을 누림
*계림 : '신라'의 다른 이름

예2) 고려의 충신 *정몽주

정몽주는 기울어져 가는 고려를 다시 일으키기 위해 노력하였어요.

그러나 고려의 신하였던 이성계가 고려를 무너뜨리고 새로 '조선'을 *건국했어요.

그러면서 새 나라 조선을 위해 '같이 일해보자'며 정몽주를 설득하였지만, '충신은 두 임금님을 모시지 않는다.'며 뜻을 굽히지 않았고, 결국 이성계의 아들인 이방원에 의해 죽임을 당했어요.

정몽주가 지은 '*단심가'라는 시에서 충신 정몽주의 마음을 읽을 수 있어요.

이 몸이 죽고 죽어 일백 번 고쳐 죽어
백골이 *진토되어 *넋이라도 있고 없고
님 향한 일편단심이야 가실 줄이 이시랴.

선죽교

'고려 임금에 대한 자신의 *충성심은 어떤 위협에도 변할 수 없다.'는 충신의 굳은 *절개를 엿볼 수 있답니다.

☆ 우리도 나라에 충성하고 부모에 효도하는 사람이 되도록 노력해야 하겠습니다

1. 기울어져 가는 나라를 구하기 위해 애쓴 고려의 충신은 누구였나요?

2. 정몽주가 변하지 않는 충성심을 나타내기 위하여 지은 시의 제목은 무엇인가요?

> 이방원의 '하여가'에 대한 대답으로 지은 시랍니다.

3. 바르게 쓴 낱말에 ○ 하세요.

   1) 이성계가 고려를 쓰러트리고 (   ) / 쓰러뜨리고 (   ) 조선을 건국했다.

   2) 충신은 두 임금님을 모시지 않는다. (   ) / 안는다. (   )

4. 임금이나 나라에 대해 마음속으로 우러나는 정성스러운 마음을 무엇이라 하는지 본문에서 찾아 쓰세요.

*건국 : 나라를 세움
*단심가 : 고려 말기에 정몽주가 지은 시조. 고려에 대한 충절을 읊은 것으로, 이방원의 〈하여가〉에 답하여 지었음
*진토 : 티끌과 흙을 통틀어 이르는 말
*넋 : 영혼, 정신
*충성심 : 임금이나 나라에 대해 마음속으로 우러나는 정성스러운 마음
*절개 : 신념, 신의 따위를 굽히지 아니하고 굳게 지키는 꿋꿋한 태도

예3) *사육신 박팽년

'박팽년'은 한글을 만드신 세종임금의 *신임을 한몸에 받은 훌륭한 학자이자, 바른 신하의 모습을 몸소 실천한 조선 시대 최고의 *충신이었어요.

항상 "바른길을 향해 뜻을 세워야 한다."고 말한 박팽년은 세종임금의 손자인 *단종이 너무 어려서, 삼촌인 세조가 단종을 임금 자리에서 내 쫓고 왕위에 오르자, '옳지 않은 일'임을 지적하며 끝까지 저항하다 끔찍한 죽음을 맞이했어요.

절대 굴복하지 않는 사육신의 충절을 본 세조 또한 이들을 가리켜 "지금은 나라를 어지럽히는 신하라고 불리지만, *후세에는 충신이라 불릴 것이다."하고 *칭송을 하였답니다.

옳지 않은 일에는 끝까지 저항하며, 단종 임금에게 충성을 바치기 위해 죽음도 두려워하지 않은 박팽년을 후세 사람들은 '죽어서도 임금에게 충성을 다한 신하'라고 칭송하며 '사육신'이라고 불렀어요.

나라를 위해 자기 한 몸을 돌보지 않는 것을 '충'이라고 합니다.

사육신 묘

다음 문제를 읽고 물음에 답하세요.

1 삼촌인 세조에게 임금의 자리를 빼앗기고 억울하게 죽임을 당한 임금은 누구였나요?

2 세조의 옳지 않은 행위를 지적하고 비난하며 끝까지 저항하다가 죽임을 당한 신하는 누구인가요? ()

① 정몽주 ② 박제가
③ 이방원 ④ 박팽년

3 단종 임금에게 충성을 바치기 위해 죽음도 두려워하지 않는 신하를 후세사람들은 무엇이라고 불렀나요? ()

① 생육신 ② 사육신
② 삼육신 ④ 사충신

> 살아서 벼슬을 버리고 단종에게 절개를 지킨 사람은 '생육신'이라고 해요.

4 국가에 이로운 일이라면 자기 한 몸을 돌보지 않는 것을 무엇이라고 하나요?

낱말공부

***사육신** : 조선 세조 2년(1456)에 단종의 복위를 꾀하다가 처형된 여섯 명의 충신. 이개, 하위지, 유성원, 성삼문, 유응부, 박팽년을 이름
***신임** : 믿고 일을 맡김
***충신** : 나라와 임금을 위하여 충성을 다하는 신하
***단종** : 조선 제6대 왕. 12세에 왕위에 올랐으나, 숙부인 수양 대군에게 왕위를 빼앗겨 강원도 영월에 유배되었다가 죽임을 당하였음
***후세** : 다음 세대의 사람들
***칭송** : 칭찬하여 일컬음

예4) 임진왜란 때 세 장군의 충

　*임진왜란이란 왜군(일본)이 우리나라를 침략해 7년 동안 싸운 전쟁입니다.
　이때 왜군과 싸워 크게 이긴 세 곳의 전투를 *3대첩이라고 합니다.

　첫째는 한산도 대첩입니다.
　이순신 장군이 이끄는 함대는 '*거북선'을 앞세워, 한산도 앞바다에서 왜선을 전멸시켜(60척 침몰) 왜의 *수군에 큰 타격을 주었습니다.
　둘째는 진주 목사 김시민이 진주성에 침략한 왜군을 무찌른 '*진주대첩'입니다.

1 일본이 우리나라에 쳐들어와 7년 동안 싸운 전쟁을 무엇이라 하나요?

2 임진왜란 때 왜군과 싸워 크게 이긴 세 곳의 전투를 무엇이라 하나요?

3 이순신 장군이 이끄는 함대가 거북선을 앞세워 한산도 앞바다에서 왜선을 전멸시킨 싸움은 무엇인가요? (   )

① 노량대첩　　　　　② 행주대첩
③ 진주대첩　　　　　④ 한산도 대첩

* **임진왜란** : 조선 선조 25년(1592년)부터 31년(1598년)까지 두 차례에 걸쳐 우리나라를 침입한 일본과의 싸움
* **3대첩** : 조선 임진왜란 때 왜적을 무찌른 3대 싸움 즉, 한산도 대첩, 진주대첩, 행주대첩을 말함
* **거북선** : 임진왜란 때 이순신이 만들어 왜적을 쳐부순 거북 모양의 배
* **수군** : 조선 시대에 바다에서 국방과 치안을 맡아보던 군대
* **진주대첩** : 임진왜란 때 진주에서 왜군과 싸운 2차례의 큰 전투

셋째는 '*행주대첩'입니다.

권율 장군은 서울까지 쳐들어온 왜군을 행주산성에서 백성들과 힘을 합쳐 크게 무찔러 승리로 이끌었어요.

당시 여자들이 긴 치마를 잘라 짧게 만들어 입고 돌을 날라다 주어 적군에게 큰 피해를 줬다고 해요. 그때부터 앞치마를 행주치마라고 불렀다는 얘기가 전해지고 있어요.

이 모두는 나라를 위해, 목숨을 아끼지 않는 백성들이 있었기에 가능했답니다.

※ 나라가 위기에 빠졌을 때는 모두가 힘을 모아 위기를 극복하도록 힘써야 합니다.

1 임진왜란 때 3대첩과 승리로 이끈 장군을 알맞게 줄로 이어보세요.

1) 한산도 대첩 • • 권 율

2) 진주 대첩 • • 이순신

3) 행주 대첩 • • 김시민

2 행주대첩을 승리로 이끌 수 있었던 까닭으로 유명한 일은 무엇인가요? (　　)

① 여자들은 아이들과 미리 피신하여 있었다.
② 여자들이 앞장서서 일본군과 싸웠다.
③ 여자들이 물동이로 물을 날라다 주어 물벼락을 내렸다.
④ 여자들이 앞치마로 돌을 날라다 주며 힘을 합쳐 싸웠다.

3 행주대첩에서 입었던 앞치마를 그 이후로 무엇이라고 불렀나요?

□□□□

4 임진왜란 때 왜군을 물리칠 수 있었던 것은 무엇 때문이었을까요?

□□ 를 위해 □□ 을 아끼지 않는 □□ 들이 있었기에 가능했습니다

*행주대첩 : 임진왜란 때 권율이 행주산성에서 왜군을 크게 무찌른 싸움

2) 효

　우리 선조들은 낳아 주시고 길러 주신 부모님께, 감사하는 마음을 갖는 것이 효의 시작이라 여겼어요.
　그래서 부모님의 말씀을 잘 듣고, 부모님 마음을 편안하게 해 드리는 모든 일을 '효'라고 해요.
　'어버이날'에 부르는 노래 '어버이 은혜'
　'낳으실 제 괴로움 다 잊으시고
　기르실 제 밤낮으로 애쓰는 마음 ~~' 에도 잘 나타나 있어요.
　나를 낳으시고 길러 주시는 부모님의 마음을 불편하지 않게 보살펴 드리는 일은 자식으로 해야 할 도리이며, 이것이 바로 효도하는 길이랍니다.

　옛날에 공자님은
"효자로서 어버이를 섬김은 살아 계실 때는 공경을 다하고, 모실 때는 즐거움을 다하며, 병드셨을 때에는 *근심을 다 해야 한다. 그리고 돌아가실 때는 슬픔을 다하여야 하고, 제사 지낼 때에는 *엄숙함을 다해야 한다."
라고 말씀하셨어요.
　그런데 요즘 사람들은 부모님을 공경하는 일이 옛날보다 많이 약해진 것 같아 안타까워요.

다음 문제를 읽고 물음에 답하세요.

1 우리 선조들이 효의 시작이라 생각한것은 무엇이었나요?

부모님께 항상 ☐☐ 하는 마음을 갖는 것

2 옛날에 공자님은 효자로서 어버이 섬김을 어떻게 하여야 한다고 했나요? <u>잘못</u> 설명한 것을 찾아보세요. (   )

① 살아 계실 때는 공경을 다해야 한다.
② 모실 때는 즐거움을 다해야 한다.
③ 병드셨을 때는 기쁨을 다해야 한다.
④ 돌아가실 때는 슬픔을 다해야 한다.

> '어버이날'(5월 8일)에 카네이션 꽃과 함께 '어버이 은혜'를 불러 드리세요.

3 나를 낳으시고 길러 주시는 부모님의 마음을 노래한 것으로 '어버이 날'에 부르는 노래의 제목은 무엇인가요?

☐☐☐☐

4 여러분은 어떻게 하는 것이 부모님께 효도하는 것이라고 생각하나요? 여러분의 생각을 써 보세요.

낱말공부

*근심 : 해결되지 않은 일 때문에 속을 태우거나 우울해함
*엄숙 : 분위기나 의식 따위가 장엄하고 정숙함

3) *생활예절

사람은 혼자 살아가는 것이 아니고, 항상 이웃사람들의 보살핌과 관심 속에서 함께 어울려 살아갑니다.

우리 조상들은 사람 사이의 부드러운 관계 유지를 위해, 옛날부터 예절을 중시하였어요.

먼저 인사하고, 부드러운 미소로 맞이하며, 상냥한 말 한마디와 ***겸손한** 태도는 사람들이 어울려 살아가는 사회생활 속에서 꼭 갖춰야 할 기본 도리랍니다.

(1) 인사예절

인사는 사람 사이에서 안부를 묻거나 공경의 뜻을 나타내기 위해 예를 표하는 일이에요.

그래서 말 한마디에도 정성을 담아야 하고, 행동은 정중해야 하지요.

인사는 평범하고도 대단히 쉬운 일 같지만 ***습관화**되지 않으면 실천에 옮기기 어렵답니다. 자연스럽고 편안한 인사는 친근감을 갖게 해주어요.

'안녕하세요?', '반갑습니다', '감사합니다'와 같은 말이 자연스럽게 입에서 나올 수 있도록 습관화해야 합니다.

다음 문제를 읽고 물음에 답하세요.

1 우리 조상들이 사람 사이의 부드러운 관계 유지를 위해 중요하게 생각한것은 무엇인가요? (   )

① 예절 ② 효도
③ 충   ④ 사랑

2 사람 사이에서 안부를 묻거나 공경의 뜻을 나타내기 위해 예를 표하는 일을 무엇이라 하나요?

☐ ☐

3 자연스럽고 편안한 인사는 우리에게 어떤 느낌을 주나요? (   )

① 불편하게 한다.   ② 친근감을 갖게 한다.
③ 예의가 없어 보인다. ④ 기분이 나쁘다.

4 듣기 좋은 인사말에는 어떤 것들이 있는지 써 보세요.

낱말공부

*생활예절 : 사람이 살아가면서 지켜야 할 예절
*겸손한 : 남을 존중하고 자기를 내세우지 않는
*습관화 : 버릇이 됨 또는 버릇이 되게 함

    누구나 '안녕하세요?', '감사합니다.'와 같은 말을 듣게 되면 기분이 저절로 좋아져 입가에 미소가 번지고, 상대방도 기분 좋은 인사말과 함께 인사를 하게 되지요.

    이처럼 인사말 한마디가 *인간관계를 좋게 하고, 활기찬 분위기를 이끌어 낼 수 있게 됩니다.

> 아침에 일어나서 부모님께 "안녕히 주무셨어요?"
> 친구를 만났을 때는 "안녕?"
> 나를 도와주신 분들께는 "감사합니다."
> 등의 인사말은 인간관계를 부드럽게 해 준답니다.
> 오늘부터 인사를 생활화해 보세요.

다음 문제를 읽고 물음에 답하세요.

1 길을 가다가 어른을 만났을 때 어떤 인사를 해야 하나요? (   )

① 안녕히 가세요.   ② 안녕하세요?
③ 안녕?   ④ 안녕히 계세요.

2 '안녕하세요?', '감사합니다.'와 같은 인사말을 듣게 되면 기분이 어떨까요?
(   )

① 나빠진다.   ② 우울해진다.
③ 좋아진다.   ④ 슬퍼진다.

3 밤에 잠자리에 들 때, 부모님께 어떤 인사말을 해야 할까요? (   )

① 안녕히 계세요.   ② 잘 자세요.
③ 안녕히 가세요.   ④ 안녕히 주무세요.

4 다른 사람의 도움을 받았을 때, 어떤 인사를 해야 할까요? 생각나는 대로 써 보세요.

[   ]

*인간관계 : 사람과 사람 사이의 관계

(2) 식사예절

　모든 나라와 민족마다 *고유한 식사 예절이 있는 것처럼, 우리나라에도 고유한 식사예절이 있어요.

　먼저 부모님이나 어른들과 식사를 할 때는, 어른들이 먼저 ㉠*수저를 든 다음에 아랫사람도 수저를 들고 먹기 시작했답니다.

　서양에서는 식사 중에 많은 대화를 하지만, 우리나라에서는 식사 중에 큰 소리로 말하거나, 음식을 입에 넣고 말하는 것은 *예법에 어긋난다고 생각했습니다.

*고유한 : 본래부터 가지고 있는　　　　*예법 : 예의로써 지켜야 할 판단의 기준
*수저 : 숟가락과 젓가락을 아울러 이르는 말

다음 문제를 읽고 물음에 답하세요.

1 어른들과 식사를 할 때는 어떻게 해야 하나요? (   )

① 맛있는 음식을 먼저 먹는다.
② 대화를 많이 한다.
③ 어른이 먼저 수저를 든 다음에 먹기 시작한다.
④ 음식을 먹으면서 소리를 내도 괜찮다.

2 서양의 식사예절과 우리의 식사예절의 <u>다른</u> 점은 무엇인가요?

> 서양에서는 식사 중에 많은 ☐☐ 를 하지만,
> 우리나라에서는 식사 중에 ☐☐ 을 입에 넣고
> 말하는 것은 예법에 어긋난다고 생각했습니다.

3 ㉠<u>수저</u>는 무엇과 무엇을 가리키나요?

☐☐☐ 과 ☐☐☐

4 여러분은 식사예절로 어느 것을 지키고 있나요? 각자 지키고 있는 식사예절을 적어보세요.

　또한, 음식을 먹으면서 소리를 내거나, 수저, 그릇이 부딪치는 소리를 내는 것은 다른 사람에게 *불쾌감을 줄 수 있으므로 주의해야 해요.

　식사할 때는 옷차림을 단정히 하고, 식사 중에 다리를 흔들거나 딴짓을 하지 않고, 자연스러운 자세로 즐겁게 식사를 해야 합니다.

　그리고 음식을 먹을 때는 골고루 먹으며, 음식을 준비한 사람의 정성과 노력에 감사하는 마음으로 식사해야 합니다.

　쌀 한 톨, 반찬 한 가지에도 모두 가꾼 사람의 땀과 노력이 담겨 있으므로, 소중히 생각하고 남기지 않도록 해야 합니다.

　식사를 마칠 때에는 숟가락이나 젓가락을 가지런히 놓아두어야 하고, "잘 먹었습니다." "감사합니다." 라고 인사를 하는 것이 올바른 식사예절입니다.

*불쾌감 : 못마땅하여 기분이 좋지 않은 느낌

다음 문제를 읽고 물음에 답하세요.

1 우리나라 식사예절을 **잘못** 설명한 것은 어느 것인가요? (　　)

① 어른이 먼저 수저를 들면 아랫사람도 식사한다.
② 음식을 준비한 사람에게 감사하는 마음을 가져야 한다.
③ 그릇을 부딪치거나 음식 먹는 소리를 내지 말아야 한다.
④ 식사 중에는 대화를 많이 한다.

2 음식을 먹을 때는 어떠한 마음과 자세로 먹어야 하나요? **잘못**된 것을 찾아보세요? (　　)

① 감사한 마음으로 먹는다.　② 소중한 마음으로 먹는다.
③ 당연한 생각으로 먹는다.　④ 음식을 남기지 않고 먹는다.

3 식사를 마친 뒤에는 어떻게 해야 하나요?

> 숟가락이나 젓가락을 가지런히 놓아두고,
> "[　　　　　]" "[　　　　　　　]" 라고
> 인사를 해야 합니다.

4 식사할 때의 자세로 알맞은 것은 어느 것인가요? (　　)

① 다리를 흔들거리며 앉는다.
② 옷차림은 편한 잠옷을 입는다.
③ 책을 읽거나 딴짓을 하며 식사를 한다.
④ 자연스러운 자세로 즐겁게 식사를 한다.

(3) 이웃과의 생활

집의 현관문을 나서는 순간부터 지켜야 할 일이 많이 있습니다.

이웃을 만나면 먼저 인사를 해야 하고, 또 이웃이 불편해하는 일은 하지 않도록 해야 하겠지요.

이렇게 이웃에게 피해를 주지 않도록 하는 것이 ***공중도덕**이며, 이웃을 ***배려**하는 마음이에요.

모든 일을 자유롭게 자기 마음대로 하면 좋을 것 같지만 그렇지 않아요. 그렇게 한다면 나는 물론 모두를 괴롭고 힘들게 하지요.

그렇다면 어떻게 해야 할까요?

쓰레기를 함부로 버리지 않기, 큰 소리로 떠들지 않기, 조용히 걷기 등 이웃에게 방해가 안 되게 하는 일은 너무나도 쉬운 일들이에요.

공중도덕을 지키는 일, 나보다 약한 사람을 배려하고 양보하는 일은 우리 모두를 즐겁게 하고, 더 나아가 사회를 아름답게, ***인류**를 아름답게 하는 일이기도 해요.

*공중도덕 : 여러 사람을 위하여, 여러 사람이 함께 지켜야 할 도덕
*배려 : 도와주거나 보살펴 주려고 마음을 씀.
*인류 : 세계의 모든 사람

다음 문제를 읽고 물음에 답하세요.

1 다음 문장에서 □ 안에 알맞은 낱말을 써 보세요.

> 이웃에게 피해를 주지 않도록 □□□□을 잘 지켜야 해요.

2 이웃에게 피해를 주지 않도록 하는 일 중에 우리가 할 수 있는 일이 **아닌** 것은 어느 것인가요? (　　)

① 쓰레기를 함부로 버리지 않기　② 큰 소리로 떠들지 않기
③ 조용히 걷기　　　　　　　　　④ 이웃집과 음식 나눠 먹기

3 모든 일을 자유롭게 자기 마음대로 한다면 어떻게 될까요? (　　)

① 자기 마음대로 하니까 좋다.　② 다른 사람에게 피해를 준다.
③ 창의력이 생겨서 좋다.　　　　④ 마음껏 놀 수 있으니까 좋다.

4 길을 가다가 이웃을 만나면 어떻게 해야 할까요? 자기의 생각을 써 보세요.

4) 우애

우리 한국인들이 중요시하는 *덕목 가운데 하나가 형제간의 *우애입니다.

형님은 아우를 사랑으로 보살피고 잘못을 일깨워 주며, 아우는 형님을 공경하고 잘 따르는 것이 형제간의 우애라 할 수 있어요.

'*공암진 투금탄'이라는 옛날 얘기를 한번 볼까요?

고려 시대 충렬왕 때 이조년, 이억년이라는 의좋은 형제가 있었어요.

어느 날 두 형제가 길을 가다가 우연히 황금 덩어리 두 개를 주워 하나씩 나누어 가졌어요. 형제가 나루터에서 배를 타고 강을 건너는 중이었어요. 그런데 아우가 갑자기 자신이 가지고 있던 금덩어리를 강물에 훌쩍 던져버리는 것이었어요.

형이 깜짝 놀라 그 까닭을 물으니 "제가 평소에 형님을 존경하고 사랑했는데 금덩어리를 나눠 가진 순간부터 '형님이 아니었으면 나 혼자 다 가질 수 있었는데!' 하는 생각이 들면서 형님이 싫어졌습니다."라고 하였어요.

- ***덕목** : 충, 효, 인, 의 따위의 덕을 분류하는 명목
- ***우애** : 형제간 또는 친구 간의 사랑이나 정
- ***공암진 투금탄** : 공암진은 지금의 서울 양천의 옛 이름이고, 투금탄은 '금을 강물에 던졌다'는 뜻으로 형제간의 우애를 일깨워주는 이야기

다음 문제를 읽고 물음에 답하세요.

1 형제간에 서로 아끼고 사랑하는 일을 무엇이라고 하나요?

☐ ☐

2 투금탄 이야기에서 형제는 길을 가다가 우연히 무엇을 주워 나눠 가지게 되었나요? ()

① 옥구슬 두 개 　　② 보석 두 개
③ 금 두 덩어리 　　④ 엽전 두 꾸러미

3 동생이 금을 강물에 던져버린 이유는 무엇인가요? (　　)

① 형의 금덩어리가 더 커 보여서
② 우애가 더 소중한데 형님이 미워지기 시작해서
③ 금이 필요하지 않아서
④ 신령님이 나타나서 더 큰 것을 주실까 봐

4 동생의 말을 들은 형님의 마음은 어떠했을까요? (　　)

① 동생이 미워졌다. 　　② 화가 나고 무서워졌다.
③ 금덩어리가 아까워졌다. 　　④ 동생의 말에 감동하였다.

    그 말을 들은 형님도 "네 말이 옳은 것 같구나!" 하며 금덩어리를 강물에 던져 버렸답니다.

    형제간에 우애는 금보다 귀한 것이지요.
    형제간에는 우애가 첫째이며, 부모님께 효도하는 길이기도 해요.

    여러분!
    오늘부터라도 형제간에 또는 가족간에 화목해질 수 있는 방법을 실천해 보세요.

다음 문제를 읽고 물음에 답하세요.

1 동생의 말을 들은 형님은 어떻게 하였나요? (　　)

① 동생을 혼냈다.
② 강물에 들어가 금덩어리를 찾았다.
③ 자기 금덩어리도 강물에 던졌다.
④ 동생에게 잘못을 빌었다.

2 투금탄 이야기를 읽고 우리가 배울 점은 무엇인가요? (　　)

① 황금 보기를 돌같이 하여라.
② 부모님께 효도해야 한다.
③ 욕심을 부리지 말자.
④ 형제간의 우애는 금보다 더 소중하다.

★ 형제가 금덩어리를 강물에 던졌을 때 어떤 생각이 들었나요? 재산 때문에 형제간에 다투고 불행해지는 경우가 많습니다. 사람이 살아가는데 그 어떤 보물보다도 더 소중한 것은 형제간의 우애와 가족간의 사랑이랍니다.

6) 서로 도움 (*상부상조)

사람들은 어려울 때 서로 돕고 살아야 해요.

여러분이 배가 고프거나, 아프거나, 모르는 문제가 있을 때, 주위의 도움을 받는 것처럼 말이지요.

조선 시대에는 *향약이라는 것을 만들어, 좋은 일은 서로 권하고, 잘못은 서로 바로잡아주며, 이웃이 어려움에 빠졌을 때도 내 일처럼 나서서 도우며 살았어요.

우리나라가 경제 위기로 힘들었을 때, 국민들은 금 모으기, 달러 모으기 운동을 벌여 집에 두었던 금반지나 *외화들을 *자진해서 들고 나왔어요.

그런 힘으로 우리나라는 ㉠짧은 시간에 경제 위기를 극복해 낼 수 있었어요.

1 어려울 때 서로 돕는 일을 무엇이라고 하나요?

☐ ☐ ☐ ☐

2 조선 시대의 향약에 대해 설명한 것 중 바르지 <u>못한</u> 것은 어느 것인가요?
( )

① 남들이 잘못하면 바르게 고쳐 주었다.
② 좋은 일은 서로 권하였다.
③ 어려운 일을 당하면 서로 돕는다.
④ 좋은 풍속은 자기들끼리만 지켰다.

3 우리나라가 경제 위기로 힘들 때 국민들이 어떻게 하여 극복해낼 수 있었나요? (2가지) (,)

① 금 사주기 운동   ② 금 모으기 운동
③ 달러 모으기 운동   ④ 달러 사기 운동

> '짧은'은 쓰는 글자와 읽는 소리가 달라요. 받침 다음에 'ㅇ'이오면 앞에 있는 받침이 'ㅇ'자리에 가서 소리가 나요.

4 ㉠<u>짧은</u>을 바르게 읽은 것은 어느 것인가요? ( )

① 짧은   ② 짤은   ③ 짜븐   ④ 짤븐

 낱말공부

*상부상조 : 서로서로 도움
*향약 : 조선 시대 향촌 사회의 서로 돕고 질서를 바로잡기 위해 마련한 자치 규약
*외화 : 외국의 돈.
*자진해서 : 스스로 나서서

또 서해안에 있는 태안에서 *유조선이 *침몰하여 기름이 흘러나와 바다를 덮은 적이 있었어요. 이때도 국민들 스스로 *자원봉사로 발 벗고 나서서 기름을 *제거했어요.

이것이 세계를 깜짝 놀라게 한 대한민국의 힘이랍니다.
이처럼 우리나라 국민들은, 어려움에 부닥친 이웃을 모른 체하지 않고 서로 도우며 살아왔어요.

1 세계를 깜짝 놀라게 한 대한민국의 힘은 어떤 것인가요? (　　　)

　　① 기름을 제거한 일
　　② 금 모으기 한 일
　　③ 외화를 모은 일
　　④ 나라가 어려움에 빠졌을 때, 내 일처럼
　　　　나서서 도와주는 일

*유조선 : 석유나 가스 저장 시설을 갖추고 석유를 운반하는 배
*침몰 : 물속에 가라앉음
*자원봉사 : 대가 없이 스스로 참여하여 도와주는 활동
*제거 : 없애버림

02 한국의 민요

　*민요란 누가 처음에 지어서 전한 것이 아니라, 일반 민중들 사이에서 자연스럽게 생긴 후에 입에서 입으로 전해진 노래입니다.
　민요의 내용은 일상생활과 힘든 *노동을 하면서 평민들의 생각이나 느낌을 그대로 표현한 노래로, *악보도 없으며 입에서 입으로 전해져 지역에 따라 다르고, 부를 때마다 다른 것이 민요입니다.

1) 대표적인 민요 아리랑

　아리랑은 우리나라 사람들이 가장 즐겨 부르며, 우리 민족의 정서와 감정이 가장 잘 드러난 민요입니다.
　오늘날 확인되는 아리랑은 경기 아리랑, 정선 아리랑, 진도 아리랑, 밀양 아리랑 등이 있습니다.

1 일반 민중들 사이에서 자연스럽게 생긴 후에 입에서 입으로 전해진 노래를 무엇이라고 하나요?

2 민요에 대해 설명한 것 중 바르지 <u>않은</u> 것은 어느 것인가요? (   )

① 지은이를 알 수 있다.
② 악보가 없다.
③ 평민들의 일상생활과 노동을 노래했다.
④ 지역에 따라 다르다.

3 우리나라의 대표적인 민요는 무엇인가요?

4 오늘날 확인되는 아리랑이 <u>아닌</u> 것은 어느 것인가요? (   )

① 경기 아리랑   ② 서울 아리랑
③ 밀양 아리랑   ④ 진도 아리랑

*민요 : 예로부터 민중 사이에 불려 오던 전통적인 노래
*노동 : 몸을 움직여 일함
*악보 : 음악의 곡조를 일정한 기호를 써서 기록한 것

① 경기 아리랑

아리랑 아리랑 아라리요
아리랑 고개로 넘어간다.
나를 버리고 가시는 님은
십 리도 못 가서 발병 난다.

② 밀양 아리랑

날 좀 보소, 날 좀 보소, 날 좀 보소
동지섣달 꽃 본 듯이 날 좀 보소
(후렴) 아리 아리랑 스리 스리랑 아라리가 났네.
　　　아리랑 고개로 날 넘겨주소.

③ 진도 아리랑

서산에 지는 해는 지고 싶어지느냐
날 두고 가신 임은 가고 싶어 가느냐.
(후렴) 아리 아리랑 쓰리 쓰리랑 아라리가 났네.
　　　아리랑 응응응 아라리가 났네.

④ 정선 아리랑

눈이 올라나 비가 올라나
억수장마 질라나
만수산 검은 구름이 막 모여든다.
(후렴) 아리랑 아리랑 아라리요
   아리랑 고개로 날 넘겨주소
아우라지 뱃사공아 배 좀 건네주게
싸리골 올 동백이 다 떨어진다.

2) 도라지 타령

아리랑과 함께 우리나라의 대표적인 민요로, 정식으로 배워 부르는 음악이 아니라 일터나 놀이터에서 저절로 익혀 부르는 노래입니다.

노래의 곡조나 가사가 일정하지 않고, *형식도 늘어나기도 하고, 줄어들기도 하는 자유로운 음악입니다.

> 도라지 도라지 도라지 심신 삼천에 도라지
> 한두 뿌리만 캐어도 대바구니로 *반실만 되누나
> 에헤요 에헤요 에헤헤요
> 어이여라 난다 지화자 좋다
> 저기 저 산 밑에 도라지가 한들한들

배우기도 쉽고 부르면 저절로 흥이 나는 민요에서, 우리 선조들의 삶을 엿볼 수 있습니다.

다음 문제를 읽고 물음에 답하세요.

1 아리랑과 함께 우리나라의 대표적인 민요는 무엇인가요?

□ □ □ □ □

2 우리는 민요를 통해 무엇을 엿볼 수 있나요?

우리 □□ 들의 □ 의 모습

3 '도라지 타령'에 대한 설명으로 바르지 <u>않은</u> 것은 어느 것인가요? (   )

① 우리나라 대표민요 중 하나이다.
② 배우기 쉽고, 흥이 나는 노래이다.
③ 노래의 가사가 일정하지 않다.
④ 형식이 정해져 있다.

4 여러분이 알고 있는 민요에는 무엇이 있나요?
  (부모님과 함께 민요를 불러보세요.)

낱말공부

*형식 : 사물이 외부로 나타나 보이는 모양
*반실 : 절반가량

3) 농악

농악은 언제부터 시작되었는지 기록은 없으나, 모내기·김매기 등의 힘든 농사일을 할 때 일의 *능률을 올리고, 피로를 덜며, *협동심을 불러일으키려는 데서 비롯되었답니다.

지금은 각종 명절이나 마을축제와 같은 *의식에서도 빼놓을 수 없게 되었고 또 지역마다 다양한 가락이 전해지고 있어요.

풍물놀이라고도 하는 농악은 기본적으로 꽹과리·징·장구·북의 사물과 소고·나발·태평소·기대(깃발을 든 사람)·잡색(무용수)으로 구성됩니다.

그중 *사물놀이는 북·장고·꽹과리·징 등 4가지 악기의 연주로 무대나 실외에서 연주할 수 있는 우리의 전통음악입니다.

1 힘든 농사일을 할 때 능률을 올리고 협동심을 키우기 위해 하는 악기연주를 무엇이라고 하나요?

☐ ☐

2 사물놀이에 사용되는 네 가지 악기를 모두 써 보세요.

☐ ☐ ☐ ☐

3 농악을 또 무엇이라고도 하나요?

☐ ☐ ☐ ☐

4 농악의 구성에 들어가지 <u>않는</u> 것은 어느 것인가요? (   )

① 꽹과리　　　　　② 태평소
③ 기대　　　　　　④ 광대

 낱말공부

*능률 : 일정한 시간에 할 수 있는 일의 비율
*협동심 : 서로 마음과 힘을 하나로 합하려는 마음
*의식 : 정하여진 방식에 따라 치르는 행사
*사물놀이 : 네 사람이 각기 꽹과리, 징, 장구, 북을 가지고 어우러져 치는 전통놀이

03 태권도

태권도는 손과 발만을 이용하여 ㉠공격하거나 *방어하는 무술로, 우리나라 고유의 전통무술이에요.

태권도가 언제부터 시작되었는지 정확하게 알 수는 없지만, 고구려의 무덤 벽화에 그려진 그림을 보면 오늘날의 태권도 동작과 비슷한 것으로 보아 삼국시대에도 태권도를 즐겼다는 것을 짐작할 수 있어요.

일제 강점기에 우리의 전통 무술인 태권도가 일본에 의해 없어질 *위기를 맞았지만, 꿋꿋이 지켜 오늘날 세계적인 스포츠가 되었어요. 전 세계에 태권도 *사범들이 *파견되어, 한국어 *구령에 맞추어 태권도를 가르치고 있답니다.

태권도

1 손과 발을 이용하여 공격하거나 방어하는 우리나라 고유 전통 무술은 무엇인가요?

☐ ☐ ☐

2 태권도에서 이용하는 신체는 어디인가요? 두 가지 고르세요. (,)

① 머리　　② 배　　③ 손　　④ 발

3 ㉠<u>공격</u>의 반대말을 본문에서 찾아 써보세요.

☐ ☐

4 태권도에 대한 설명으로 알맞지 <u>않은</u> 것은 어느 것인가요? ( )

① 우리나라에서만 하는 스포츠이다.
② 언제부터 시작되었는지 정확히 알 수 없다.
③ 전 세계에 태권도 사범들이 파견되어 있다.
④ 한국어 구령에 맞추어 태권도를 가르친다.

*방어하는 : 상대편의 공격을 막는
*위기 : 위험한 고비나 시기
*사범 : 태권도나 검도, 바둑을 가르치는 사람
*파견 : 일정한 임무를 주어 사람을 보냄
*구령 : 여러 사람이 일정한 동작을 하기 위하여 말로 내리는 명령

　태권도의 기술은 기본 동작, 품새, 겨루기로 나눌 수 있어요.
　기본 동작은 모든 태권도의 근본을 이루는 기술로 막기, 잡기, 찌르기, 발차기, 꺾기, 넘기기 등이 있어요.

　품새는 상대가 있다고 생각하고, 혼자서 공격과 방어의 기술을 지도자 없이 수련할 수 있도록 이어 놓은 동작을 말해요. 품새를 익혀 상대방과 겨루는 연습을 할 수 있답니다.
　겨루기는 품새로 익힌 기술을 두 사람이 겨루어 *승패를 가리는 것을 말해요.
　겨루기를 통하여 기술의 변화, 상대와의 거리 *조정, 몸의 움직임 관찰 등을 배우게 됩니다.

　1973년에는 서울에서 제1회 세계 태권도 선수권대회를 *개최하고, 동시에 세계태권도 연맹을 만들었어요.
　세계태권도연맹의 *본부는 서울에 있으며, 가입회원국 수는 2010년 현재 190개국에 이르고 있어요.
　태권도는 2000년 시드니 올림픽부터 정식종목으로 *채택되어 경기를 치르고 있어요.

낱말공부

*승패 : 이기고 지는 것
*조정 : 어떤 기준에 맞게 정돈함
*개최하는 : 모임이나 회의 따위를 주최하여 여는
*본부 : 각종 기관·단체의 중심이 되는 조직
*채택되어 : 작품, 의견, 제도가 뽑히어

다음 문제를 읽고 물음에 답하세요.

1 다음 중 태권도의 기술이 <u>아닌</u> 것은 어느 것인가요? (　　)

① 기본 동작　　② 품새
③ 겨루기　　　④ 누르기

2 태권도의 기본 동작이 아닌 것은 어느 것인가요? (　　)

① 잡기　　② 겨루기
③ 발차기　④ 꺾기

3 상대가 있다고 생각하고 혼자서 수련하기 위하여, 공격과 방어의 기술을 이어 놓은 동작을 무엇이라고 하나요?

　　□□

4 태권도가 올림픽 정식종목으로 채택된 것은 어느 올림픽 때인가요? (　　)

① 서울 올림픽　　② 런던 올림픽
③ 시드니 올림픽　④ 아테네 올림픽

04 한국의 멋

'멋'이라는 말은 순우리말입니다.
우리 선조들은 생활 속에서 멋을 알고, 즐기는 여유가 있었으며 삶 자체가 멋이었지요.

1) 생활에서의 멋

우리 선조들은 집이나 옷·음식 등 일상 생활에서 멋을 즐겼어요.
집을 지을 때는 지붕을 뒷산에 맞춰서 곡선을 두었고, 문 살에도 여러 가지 모양을 넣어 만들었어요.

구절판

문에는 *창호지를 바르면서 손잡이 부분에다 봄부터 말린 꽃잎을 넣어, 자연의 아름다움을 함께 했어요.
살림살이에도 멋을 부렸어요. 그릇에는 *복을 비는 '복'자를 새겼으며, *떡살에도 꽃무늬, 태극무늬, 나비무늬 등 다양한 무늬를 넣어 맛에 아름다움을 더했어요.
*구절판은 음식을 담는 그릇이에요. 여덟 칸에 음식을 담고 가운데는 *밀전병을 놓았어요. 여기에 담는 음식도 *오방색을 갖춰 담았어요. 오방색은 청색·백색·적색·흑색·황색을 말해요. 또 동·서·남·북·중앙을 나타내기도 해요.

1 우리 선조들은 멋을 어디에서 찾았나요?

☐☐ 속에서

2 우리 선조들이 부렸던 멋 중 집에서 찾을 수 있는 멋이 **아닌** 것은 어느 것인가요? (   )

① 뒷산에 맞추어 지붕을 곡선으로 하였다.
② 문 살에도 여러 가지 모양을 넣었다.
③ 문 손잡이 부분에 꽃잎을 넣어 자연과 함께했다.
④ 문에 유리를 끼워 넣었다.

3 우리 선조들의 살림살이에서 찾을 수 있는 멋을 바르게 줄로 이어보세요.

1) 떡살 •　　　• 복을 비는 복(福)을 새겨 넣었다.

2) 그릇 •　　　• 꽃무늬등 다양한 무늬를 넣었다.

4 구절판에 담는 음식의 오방색을 모두 써 보세요.

☐ ☐ ☐ ☐ ☐

 낱말공부

*창호지 : 주로 문을 바르는 데 쓰는 얇은 종이
*떡살 : 떡에 문양을 찍는 도구
*밀전병 : 밀가루 반죽을 동그랗고 얇게 부친 전
*복 : 삶에서 누리는 좋고 만족할 만한 행운과 행복
*구절판 : 여덟 칸으로 나누어진 나무 그릇
*오방색 : 다섯 방위를 상징하는 색. 동쪽은 청색, 서쪽은 흰색, 남쪽은 적색, 북쪽은 흑색, 가운데는 황색이다.

2) *수공예품에서의 멋

작은 천 쪼가리도 버리지 않고 모아두었다가 적당한 크기와 색의 조화가 이루어지게 잇대어 아름답게 만든 조각보는 물건을 싸거나, 밥상을 덮을 때 사용하였어요. 선조들의 지혜와 알뜰함을 엿볼 수 있지요.

베개에도 색실로 예쁘게 *자수를 놓았으며, 치마의 허리나 저고리 *고름에 달아 늘어뜨리는 *노리개에도 보석을 박아 매듭으로 예쁘게 꾸몄어요.

비녀는 머리에 꽂는 장신구로, 금이나 은 등 여러 가지 보석으로 장식하고, 여기에 일곱 가지 색을 입히거나 무늬를 넣어 아름다움을 더했어요.

이 밖에 여자들의 향 주머니·버선·주머니·수저 집 등 일상적인 생활용품에도 다양한 멋을 냈답니다.

조각보

노리개

다음 문제를 읽고 물음에 답하세요.

1 남은 천 쪼가리를 잇대어 색색으로 예쁘게 만들어 밥상을 덮거나 물건을 싸는 데 사용하였던 보자기의 이름은 무엇인가요?

☐☐☐

2 금·은 보석을 명주실로 매듭을 지어 아름답게 만들어 치마의 허리나 저고리 고름에 달았던 장신구의 이름은 무엇인가요? (   )

① 비녀   ② 용잠   ③ 노리개   ④ 향 주머니

3 금이나 은 등 여러 가지 보석으로 장식한 머리에 꽂는 장신구의 이름은 무엇인가요? (   )

① 비녀   ② 용잠   ③ 노리개   ④ 향 주머니

4 작은 천 쪼가리도 버리지 않고 모아두었다가 조각보를 만든 것을 보고 무엇을 알 수 있나요?

선조들의 ☐☐ 와 ☐☐☐ 을 엿볼 수 있다.

 낱말공부

***자수** : 옷감이나 헝겊 따위에 색실로 그림이나 글자를 수 놓는 일
***수공예품** : 수예와 공예로 만들어진 작품
***고름** : 저고리나 두루마기의 양편 옷깃을 여밀 수 있도록 한 헝겊 끈
***노리개** : 여자들이 몸치장으로 한복 저고리의 고름이나 치마허리 따위에 다는 물건

3) 도자기의 멋

 우리나라는 예로부터 손재주가 좋아 우수한 *공예 문화를 가지고 있어요. 고려청자, 조선백자, 분청사기 등의 아름다움은 세계에서도 인정을 받고 있답니다.

① 고려청자

 청자는 원래 푸른 빛의 *옥을 좋아하는 중국인들이 너무 비싼 옥을 가질 수 없어, 흙으로 푸른 빛이 나는 자기를 만들어 사용한 것이라고 해요.
 중국인들도 감탄할 정도로 아름다운 *비색을 가진 고려청자는 그 누구도 따라올 수 없는 *독특함이 있어요. 상감청자는 더욱 그래요.

고려청자

 고려청자는 송나라의 영향을 받아서 만들기 시작했지만, 은은한 푸른 빛은 흙과 불을 잘 다루는 고려인들의 뛰어난 솜씨에서 이루어진 것이랍니다.
 처음에는 무늬가 없는 청자를 만들다가 차츰 *상감기법을 이용한 상감청자를 만들었어요. 상감기법은 고려의 도공들이 처음 창안해 낸 방법이랍니다.

다음 문제를 읽고 물음에 답하세요.

1 아름다운 비색을 가진 고려 시대의 도자기를 무엇이라고 하나요? (   )

① 청자 ② 백자
③ 분청사기 ④ 연적

2 고려청자는 어느 나라의 영향을 받아서 만들었나요? (   )

① 거란 ② 송나라
③ 당나라 ④ 신라

3 □안에 알맞은 말을 쓰세요.

> 처음에는 무늬가 없는 청자를 만들다가 차츰 □□□□를 이용한 상감청자를 만들었어요.

4 고려청자는 어떤 재료를 이용하여 만들었나요? (   )

① 유리 ② 모래
③ 흙 ④ 종이

*공예 : 직물, 염직, 칠기, 도자기 따위의 일상생활에 필요한 물건을 만드는 일
*옥 : 엷은 녹색이나 회색을 띠며, 빛이 곱고 모양이 아름다우므로 갈아서 보석으로 사용함
*비색 : 은은하고 맑은 푸른빛이 나는 색
*독특함 : 다른 것과 견줄 수 없을 정도로 뛰어남
*상감기법 : 도자기 바탕에 무늬를 새기고, 그 자리에 다른 색깔의 흙(백토, 자토)을 메워 넣은 다음 유약을 발라 구워내는 방법

　상감기법이란, 자기를 만들어 꽃이나 학의 무늬를 그리고 얕게 홈을 판 다음, 무늬에 맞추어 자토(붉은 흙)와 백토(흰색 흙)를 물에 개어 붓으로 메꾸어 말린 뒤 불필요한 부분을 긁어냅니다. 말린 자기를 *가마에 넣고 800도로 구워내 4~5일 식힌 후, 철 성분이 들어 있는 *유약을 바르고 1,300도에서 다시 구워냅니다. 이때 유약의 철 성분에 따라 푸른 빛이 다르게 나타난답니다. 그리고 홈에 메꾸었던 백토는 흰색으로, 자토는 검은색으로 예쁜 문양이 나옵니다. 이렇게 어렵게 만들어진 상감청자는 너무 비싸서 귀족들만 사용할 수 있었어요.

　은은하고 맑은 비취색, 우아한 곡선을 가진 세계에서 가장 아름답고 신비스러운 고려청자. 어때요, 자랑스럽지요?

도자기 만드는 과정

다음 문제를 읽고 물음에 답하세요.

1 청자를 만들 때 무늬를 새기고, 새긴 자리에 다른 색의 흙을 넣어 만드는 방법을 무엇이라고 하나요?

① 상감기법　　② 도자기기법　　③ 양각기법　　④ 초벌기법

2 상감 청자에 사용하던 흙을 가마에 구우면 어떤 색의 무늬가 나오는지 쓰세요.

백토 → [　　　　　]　　　자토 → [　　　　　]

3 상감청자를 만드는 순서대로 번호를 쓰세요.

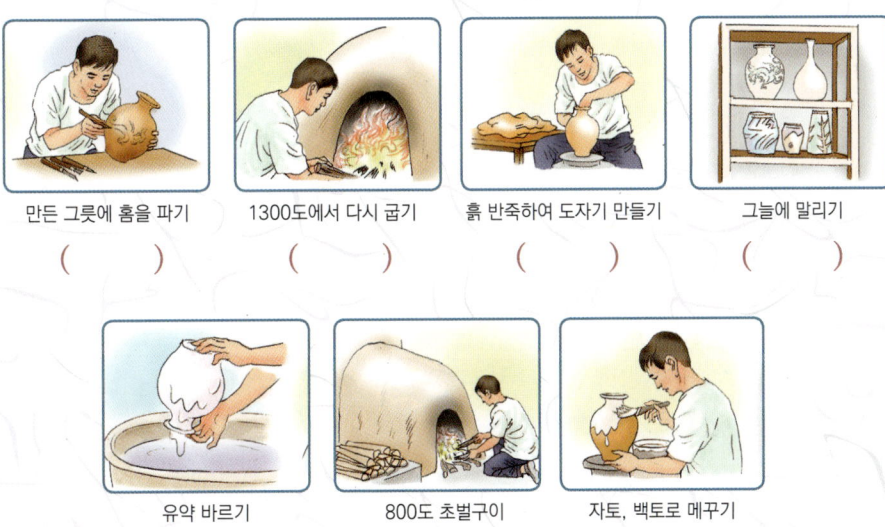

| 만든 그릇에 홈을 파기 | 1300도에서 다시 굽기 | 흙 반죽하여 도자기 만들기 | 그늘에 말리기 |
| ( ) | ( ) | ( ) | ( ) |

| 유약 바르기 | 800도 초벌구이 | 자토, 백토로 메꾸기 |
| ( ) | ( ) | ( ) |

낱말공부

*가마 : 토기나 도자기를 굽는 시설물　　*유약 : 짚이나 나무를 태운 재를 우려낸 물

② 조선백자

고려 시대에 청자가 있었다면 조선 시대에는 백자가 있어요.
청자와 백자의 차이는 만드는 흙과 굽는 온도 차이에 있답니다.
같은 백토(고령토)라도 백자는 철 성분이 없는 흙을 사용하였고, 굽는 온도도 더 높아요.

백자는 고려 초기부터 만들어지긴 했지만, 조선 시대에 들어서서 더욱 발전했어요.
백자가 유행하기 전에는 분청사기가 유행했어요. 분청사기란 청자에 하얀 분칠을 한 그릇이에요. 청자에서 백자로 넘어가는 과정이라고 할 수 있지요. 무늬로는 모란·모란잎·국화·화조무늬 등이 주로 사용되었어요.

조선백자

백자에는 순백자, 청화백자, 철회백자 등이 있어요.
순백자는 아무런 장식이 없는 순백색으로 그릇 모양이 풍만하고 은은한 *광택을 가진 것이 특징입니다. 청화백자는 백자에 파랗게 문양을 그린 것입니다. 철회백자는 백자에 갈색 무늬를 그려넣은 자기입니다.

조선청화백자

다음 문제를 읽고 물음에 답하세요.

1 소박하고 단아한 조선 시대의 도자기를 무엇이라고 하나요? (   )

① 청자   ② 백자   ③ 분청사기   ④ 상감청자

2 청자와 백자가 다른 이유는 무엇 때문인가요? 두 가지 고르세요. (,   )

① 만드는 흙이 다르다.
② 바르는 유약이 다르다.
③ 그늘에 말리는 방법이 다르다.
④ 굽는 온도가 다르다.

3 백자에 푸른색으로 문양을 그려 넣은 도자기는 무엇인가요? (   )

① 순백자   ② 철회백자
③ 청화백자   ④ 분청사기

4 도자기의 발달 순서를 번호로 쓰세요.

상감청자	청화백자	분청사기
( )	( )	( )

*광택 : 물체의 표면에서 반짝거리는 빛

4) 옹기

　우리나라는 전통적으로 음식물을 *저장하는 생활 용기로 옹기를 써왔어요.

　옹기는 흙, 잿물 등 자연에서 구할 수 있는 재료를 사용하여 만들고 1,200도의 높은 온도에서 구웠기 때문에 *미세한 구멍이 있어요.

　이 미세한 구멍을 통하여 신선한 공기를 빨아들이기도 하고, 내부의 *습기와 *노폐물을 내보내기도 해요. 그래서 옹기를 '숨 쉬는 그릇' 이라고 해요.

　이런 특징 때문에 그릇 안에 있는 음식을 잘 익게 하고 오랫동안 *보존하여 준답니다. 그래서 자연적인 *발효가 잘 이루어져야 제맛을 내는 김치는 물론, 간장, 된장, 고추장 등을 담는 *저장용기로 사용하지요.

　또한, 습기를 조절하여 주고 공기가 통하기 때문에 쌀이나 여러 곡식을 넣어 보관하면 다음 해까지 썩지 않고 그대로 있어요. 이는 옹기를 가마 안에 구울 때 생기는 연기와 *유약으로 쓰이는 잿물이 *방부효과를 주기 때문이랍니다. 그래서 물을 오랫동안 담아 두어도 썩지 않아 물을 보관하는 물 항아리로도 쓰였답니다.

옹기

다음 문제를 읽고 물음에 답하세요.

1 우리나라에서 전통적으로 사용되는 음식물을 저장하는 생활 용기는 어느 것인가요? (   )

① 청자　　② 백자　　③ 옹기　　④ 사기

2 옹기가 음식을 오랫동안 보존할 수 있는 까닭은 무엇 때문인가요? (   )

① 숨구멍이 있어 습기를 조절해준다.
② 유약을 발라 반짝거린다.
③ 플라스틱으로 만들어 깨지지 않는다.
④ 김치냉장고처럼 시원하다.

3 옹기를 만드는 재료를 두 가지 고르세요. (,   )

① 흙　　② 잿물　　③ 유리　　④ 플라스틱

4 □안에 알맞은 말을 넣으세요.

> 옹기에 음식을 보관하면 다음 해까지 썩지 않고 그대로 있어요. 이는 옹기를 가마 안에 구울 때 생기는 □□와 유약으로 쓰이는 □□이 방부효과를 주기 때문이랍니다.

낱말공부

*저장 : 물건을 상하지 아니하게 간수함
*미세한 : 분간하기 어려울 정도로 아주 작음
*습기 : 물기
*노폐물 : 찌꺼기
*보존 : 잘 보호하고 간수 하여 남김
*발효 : 효모나 세균 등의 미생물이 분해하여 좋은 성분이 생기게 하는 작용

*저장용기 : 물건을 보관하는 그릇
*유약 : 도자기의 몸에 덧씌우는 약. 겉면에 광택이 나게 함
*방부효과 : 물질이 썩거나 변질되는 것을 막음

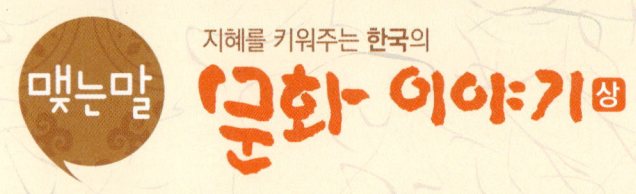

여러분!

　우리는 이 책에서 선조들의 전통예절과 문화·사상에 대해 알아 보았습니다.
　지금까지 살펴 보았듯이 우리 선조들은 나라에는 충성하고, 부모님께 효도하며, 형제간에 우애하고, 예절과 윤리 도덕을 숭상하며, 자연을 아끼고 사랑하는 것을 기본 덕목으로 생각하며 살아 왔습니다.

　그러나 오늘날 우리들의 생활 모습은 어떠한가요?
　웃어른을 공경하는 모습과, 약한 사람을 보호하며 더불어 살아가는 아름다운 모습은 사라지고, 지나치게 개인의 이익만을 생각하며 살아가고있는 것은 아닌지요?

　여러분! 오늘부터 이렇게 해 보세요.
　부모님께 존댓말을 써 보세요!
　부모님의 사랑이 넘쳐나며, 스스로 어른스러워짐을 느끼게 될 것입니다.
　자신이 해야 할 일은 스스로 해 보세요!
　가슴뿌듯함을 느끼게 될 것입니다.

길거리에서 교통법규를 지켜보세요.
안전하고 편안함을 느끼게 될 것입니다!

우리 민족 전통의 아름다운 사상을 오늘에 이어받아, 잘못 생활하고 있는 모습을 반성하며, 세계화 시대에 대한민국의 위상을 한껏 높일 수 있도록 보다 폭 넓은 사상을 키우도록 해야 하겠습니다.

자랑스런 대한민국 국민으로서 조국과 민족의 발전을 위해, 내가 해야 할 일이 무엇인지를 생각해 보세요.
나 한사람의 작은 노력으로, 세상을 훨씬 밝고 아름답게 변화 시킬 수 있답니다.

여러분들의 노력으로 우리조국이 세계의 중심에 우뚝 설 수 있게 되기를 기대합니다.

자! 지금부터 시작입니다.
대한민국의 미래가 여러분의 손에 달려 있습니다.

2013년 4월 15일
글쓴이

지혜를 키워주는 한국의
문화 이야기 상

정답

첫 번째 이야기 우리나라 대한민국

15쪽 **1** 대한민국 **2** 태극기 **3** ① **4** ② **5** ①
17쪽 **1** ④ **2** 영원히 피고 또 피어서 지지 않는 꽃 **3** 애국가 **4** ②
　　　5 태극기, 애국가, 무궁화
19쪽 **1** 서울 **2** 한국어 **3** 세종대왕 **4** ④ **5** 훈민정음
21쪽 **1** ① **2** ② **3** ① **4** 국가 기념일
23쪽 **1** ① **2** 제헌절 **3** ①,③ **4** ②

두 번째 이야기 우리나라의 명절과 세시풍속

27쪽 **1** 명절 **2** ④ **3** ① **4** ③ **5** ②
29쪽 **1** 세배 **2** 덕담 **3** 3, 1, 2
　　　4 세배돈 받았을 때의 마음을 써 보세요.
　　예) 기뻤다. 저금을 해야 겠다고 생각했다. 등

31쪽 **1** 1) — 걸
　　　　2) — 모
　　　　3) — 도
　　　　4) — 윷
　　　　5) — 개
　　　2 ② **3** ③

두 번째 이야기 우리나라의 명절과 세시풍속(계속)

33쪽 ① ④ ⑤ 5, 5 ③ ④ ④ ③

35쪽 ① 8, 15 ② ③ ③ ② ④ 한가위, 중추절 ⑤ 벌초

37쪽 ① ①,③ ② 더도 말고 덜도 말고 팔월 한가위만 같아라.
③ 강강술래 ④ ②

39쪽 ① ③ ② 1, 15 ③ ①

41쪽 ① ④ ② ② ③ 돌잔치 ④ ② ⑤ ①

43쪽 ① ① ② 지금부터는 맡은바 모든 일에 책임을 다해야 한다. ③ ②
④ 남자 ─ 머리를 말아 쪽을 지어서 비녀를 꽂았다.
　 여자 ─ 댕기를 풀고 머리를 올려 상투를 틀 수 있다.
(남자 ↔ 댕기를 풀고 머리를 올려 상투를 틀 수 있다. / 여자 ↔ 머리를 말아 쪽을 지어서 비녀를 꽂았다.)

45쪽 ① 혼례 ② ① ③ ② ④ 남녀 7세 부동석

47쪽 ① 폐백
② 용 떡 ― 부부가 사이좋게 잘 살기를 바람.
　 쌀 ― 절개를 지킴
　 청실, 홍실 ― 출세를 기원
　 소나무, 대나무 ― 부자가 되기를 바람
(용 떡 ↔ 부자가 되기를 바람 / 쌀 ↔ 부자가 되기를 바람 / 청실, 홍실 ↔ 부부가 사이좋게 잘 살기를 바람 / 소나무, 대나무 ↔ 절개를 지킴)
③ 대추, 밤, 은행

49쪽 ① ③ ② ② ③ 장례식장 ④ ②

51쪽 ① ④ ② 음복 ③ ③ ④ ①

53쪽 ① ② ② ④ ③ 방패연 ④ ③ ⑤ ①

55쪽 ① 액, 소망 ② ②,③ ③ ④ ④ 움츠리고(○)

두 번째 이야기 **우리나라의 명절과 세시풍속(계속)**

57쪽　**1** 제기　**2** ③　**3** ④　**4** 떨어뜨리면 (○)
59쪽　**1** ③　**2** 5개　**3** ①　**4** ④
61쪽　**1** ④　**2** ①　**3** 팽이채　**4** ②
63쪽　**1** ②　**2** ④　**3** ③　**4** 균형발달

세 번째 이야기 **우리 선조들의 생각**

65쪽　**1** ④　**2** ③　**3** ②　**4** 충성, 효도
67쪽　**1** 정몽주　**2** 단심가　**3** 1) 쓰러뜨리고 2) 않는다.　**4** 충성심
69쪽　**1** 단종　**2** ④　**3** ②　**4** 충
71쪽　**1** 임진왜란　**2** 3대첩　**3** ④
73쪽　**1** 한산도 대첩 — 김시민
　　　　진주 대첩 — 권율
　　　　행주대첩 — 이순신
　　　2 ④　**3** 행주치마　**4** 나라, 목숨, 백성
75쪽　**1** 감사　**2** ③　**3** 어버이 은혜　**4** 각자의 생각을 써보세요.
　　　예) 부모님 말씀을 잘 듣는다. 동생을 잘 돌봐준다. 등
77쪽　**1** ①　**2** 인사　**3** ②
　　　4 예) 반갑습니다. 안녕하세요? 고맙습니다. 등
79쪽　**1** ②　**2** ③　**3** ④　**4** 도움을 주셔서 감사 합니다. 고맙습니다. 등
81쪽　**1** ③　**2** 대화, 음식　**3** 숟가락, 젓가락
　　　4 "잘 먹겠습니다." 인사를 한다.
　　　　바른 자세로 앉아 소리를 내지 않고 먹는다. 등

세 번째 이야기 **우리 선조들의 생각(계속)**

83쪽 **1** ④　**2** ③　**3** 잘 먹었습니다. 감사합니다.　**4** ④

85쪽 **1** 공중도덕　**2** ④　**3** ②　**4** 반갑게 인사를 한다 등

87쪽 **1** 우애　**2** ③　**3** ②　**4** ④

89쪽 **1** ③　**2** ④

91쪽 **1** 상부상조　**2** ④　**3** ②,③　**4** ④

92쪽 **1** ④

95쪽 **1** 민요　**2** ①　**3** 아리랑　**4** ②

99쪽 **1** 도라지 타령　**2** 선조, 삶　**3** ④
　　4 알고 있는 민요를 부모님과 함께 불러 보세요.

101쪽 **1** 농악　**2** 북, 장고, 꽹과리, 징　**3** 풍물놀이　**4** ④

103쪽 **1** 태권도　**2** ③,④　**3** 방어　**4** ①

105쪽 **1** ④　**2** ②　**3** 품새　**4** ③

107쪽 **1** 생활　**2** ④
　　3 1) 떡살 ╳ 복을 비는 복(福)을 새겨 넣었다.
　　　 2) 그릇　　꽃무늬등 다양한 무늬를 넣었다.
　　4 청색, 백색, 적색, 흑색, 황색

109쪽 **1** 조각보　**2** ③　**3** ①　**4** 지혜, 알뜰함

111쪽 **1** ①　**2** ②　**3** 상감기법　**4** ③

113쪽 **1** ①　**2** 흰색, 검정색　**3** 2, 7, 1, 4, 6, 5, 3

115쪽 **1** ②　**2** ①,④　**3** ④　**4** 1, 3, 2

117쪽 **1** ③　**2** ①　**3** ①, ②　**4** 연기, 잿물

지혜를 키워주는 한국의
문화 이야기 상

초판 1쇄 인쇄 | 2013년 6월 11일

글 | 이길재

교정 | 박승필

기획/편집 | 강성실

그림 | 이남구

펴낸이 | 이은숙

펴낸곳 | 이지교육 등록번호 제 2011-000057 호

주소 | 서울특별시 양천구 목동 동로 430 상가 207호

전화 | 02-2648-3065

팩스 | 02-2651-2268

홈페이지 | www.easyhangeul.com

ISBN | 978-89-98693-10-7

*사진출처 : 두피디아, 청주고인쇄박물관, 규장각, 국립중앙박물관, 국립민속박물관, 태권도연맹, 한국민요연구회
*낱말사전 : 네이버 낱말사전, 동아 새국어 사전

잘못된 책은 바꾸어 드립니다.
본 책의 저작권은 이지교육에 있으며 저작권법에 의해 보호를 받는 저작물이므로 무단 복제와 전제를 금합니다.